やせたいところから
最速でやせる！

久式リンパマッサージ

ボディメンテナンスセラピスト
美脚トレーナー
久優子

宝島社

Introduction

「滞り」さえ解消すれば、誰でも確実に美しくやせられます

かつての私は、どこからどう見ても、……デブでした。

高校生のときにアメリカに短期留学。〝いかにも太る〟食事やおやつを続けていたら、激太りして、身長１６２㎝、体重68㎏という見事な巨体になってしまったのでした。

帰国してからは、苦しいダイエットの日々。りんごや豆腐などの単品ダイエット、プロテインの置き換えダイエット……と、あらゆる方法を試しましたが、少しやせてはすぐにリバウンド。当時の私はコンプレックスのかたまりでした。

そんなある日のことです。段差も何もないところでつまずいて転んでしまい、足首に痛みを覚えた私は、とっさに足首に手をやりました。

「えっ⁉」

自分の足首がひんやり冷たくて、しかも、硬いことに、私は驚きました。

「私の足ってこんなだっけ⁉」

ショックを受けた私は、その日から、足首をぐるぐる回したり、足を押したりするようになったのです。するとどうでしょう！

始めて２、３日でトイレが近くなり、１週間ほどすると、くるぶしが出てきて足がすっきりしてきたではありませんか。がぜんやる気になった私は、暇さえあれば足首を回し、足を押し続けるようになりました。

そして気が付くと……。なんと、半年で体重は15kg減！すっかりデブを返上している自分がいたのです。

ダイエットに成功したあと、結婚・出産を経て、私は、リンパセラピストになるための勉強を始めました。解剖生理学、人体学、バランス学などの理論を５人の先生について学びましたが、学べば学ぶほど、自分がやせた理由が明らかになってきました。

足首を回すと、膝関節→股関節→骨盤→背骨→頚椎《けいつい》（首の骨）の順でゆるみ、元の正しい位置に戻ろうとします。こうして全身が整うことで、血流が良くなり、リンパの流れも促進されます。その結果、老廃物が流れてむくみが取れ、やせることができるのです。

つまり、私のダイエットの成功の秘訣は、足首の硬さに気付いて足首を回すことで、全身の歪《ゆが》みを改善したこと。血液の流れやリンパの流れが促され、デトックスできたことにあったのです。

この本で紹介している「久式リンパマッサージ」は、この私の体験をベースに、様々な分野での研究を重ねて考案したメソッドです。

サロンを開業し、お客様と接する中でヒントをいただいた部分もあります。以前、リンパ節をしっかり開いて流れる道を作ったにもかかわらず、ほとんど流れないという局面に遭遇したことがあるんですね。これがきっかけで、「リンパ節を開き、リンパの流れを良くしても、関節が固まり、可動域が狭くなっていると、思うような効果は得られない」と気が付いたのです。

それからは、私にとって「関節」がキーポイントに。そして、施術の際は、関節という関節をしっかりゆるめ、リンパの流れだけではなく、血液や気の流れなども整えるようになりました。

こうして確立していったのが、「久式リンパマッサージ」。リンパの流れ、関節のメンテナンス、血液や気の流れなどの調整を行って、全身のバランスを整えるという独自のメソッドです。全身のバランスが整えば、老廃物などの滞りが解消されますから、身体の不調が消えるばかりか、むくみが取れて、ボディラインもほっそりします。

「リンパマッサージで本当にやせられるの？」

半信半疑の人もいるかもしれませんが、騙されたと思ってトライしてみて。リンパマッサージは、本来、手術後の浮腫《むくみ》を防ぐためなど医療現場で使われている手技ですから、きちんと行えば、しっかり効果があるものなのです。私がベースとしているリンパマッサージは、単なる美容法ではありません。

続ければ、「滞りを解消すれば誰でも美しくやせられる」が本当だと実感できるはず。

さあ、さっそく始めてみましょう！

現在44歳！
162cm48kgを
キープしています！

Contents

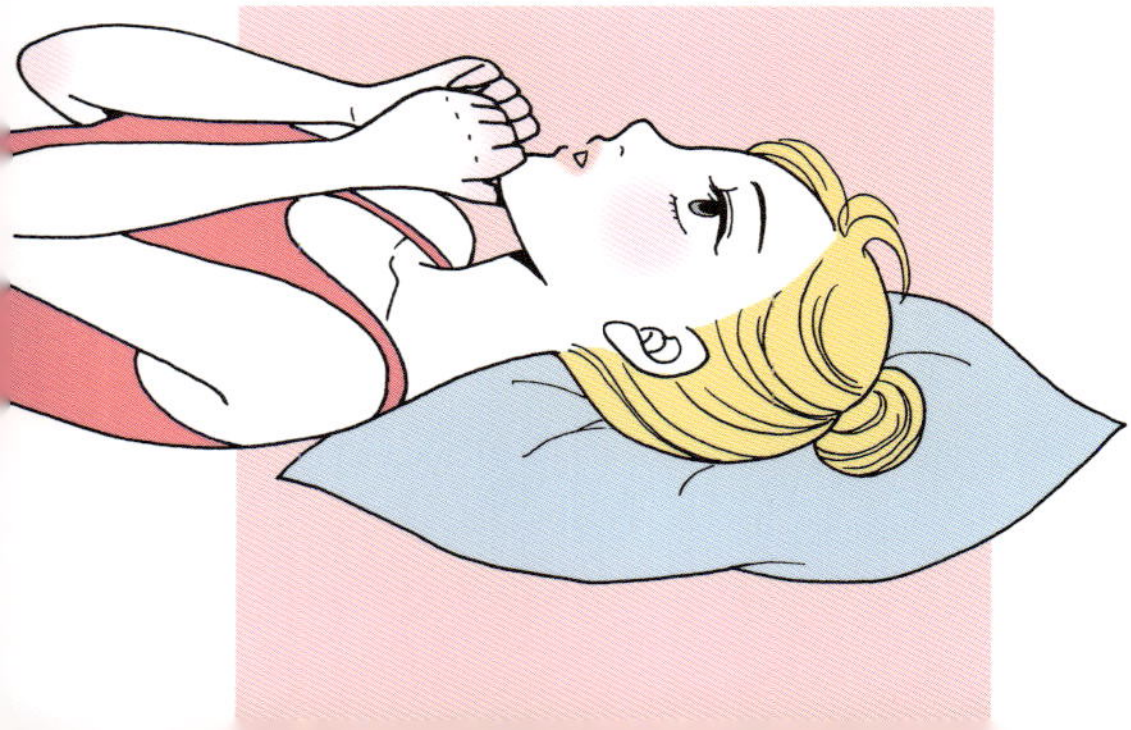

CHAPTER 7 毎日happyでいるための〝プチ不調解消〟エクササイズ

Column

※本書に掲載しているマッサージを行う際、体調が優れない方、持病がある方、妊娠中の方（またはその可能性がある方）は無理をせず行ってください。気になる方は、医師と相談の上、行ってください。また、効果に関しては個人差があることをあらかじめご了承ください。いかなる事故・クレームに対しても、弊社および著者は一切の責任を負いかねます。

実録!「久式リンパマッサージ」を体験!

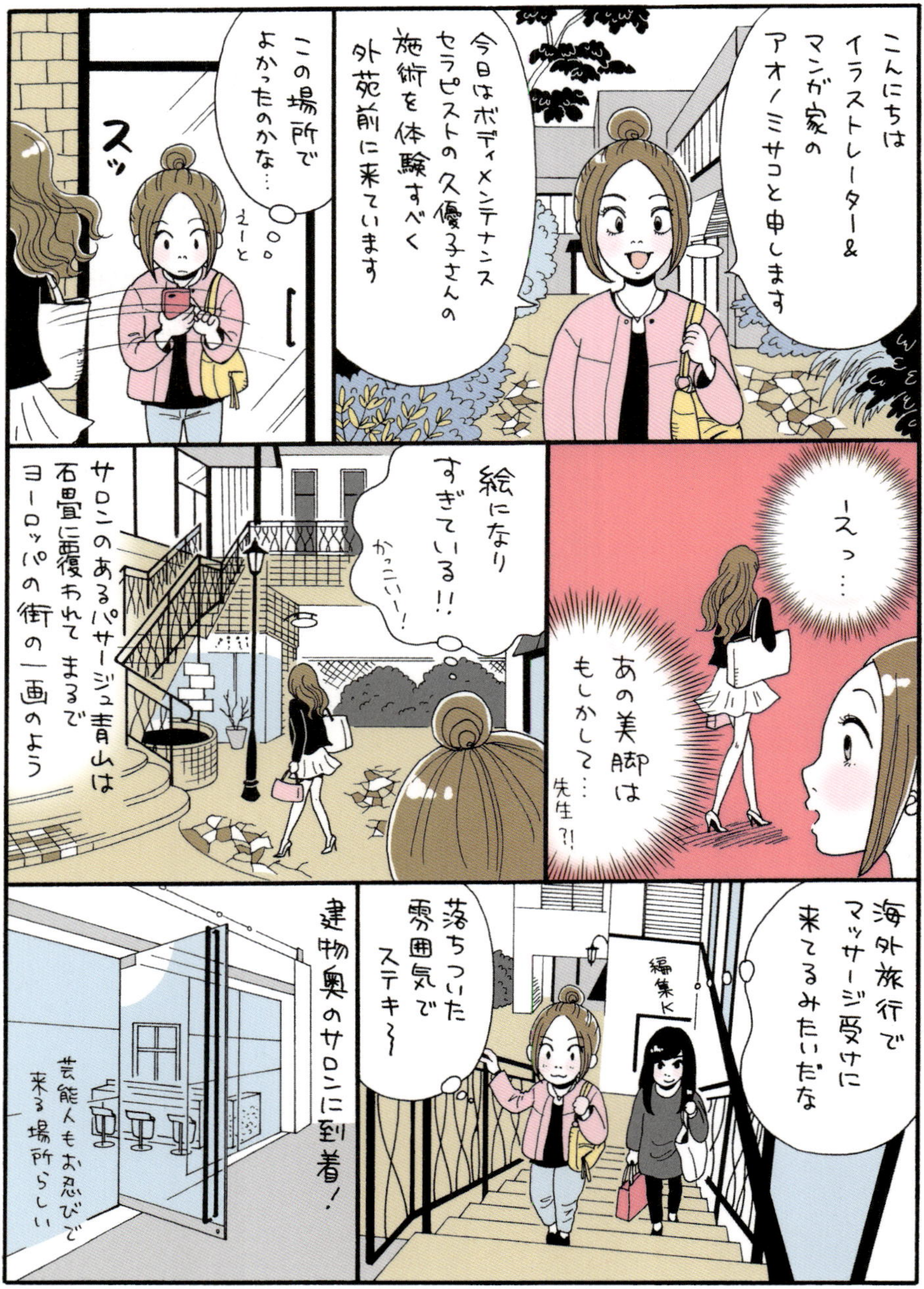

「一度で確実に効果を出す」と私が自負する「久式リンパマッサージ」を、イラストレーター・アオノミサコさんがサロンで体験。施術の感想はいかに!? 果たして効果のほどは？

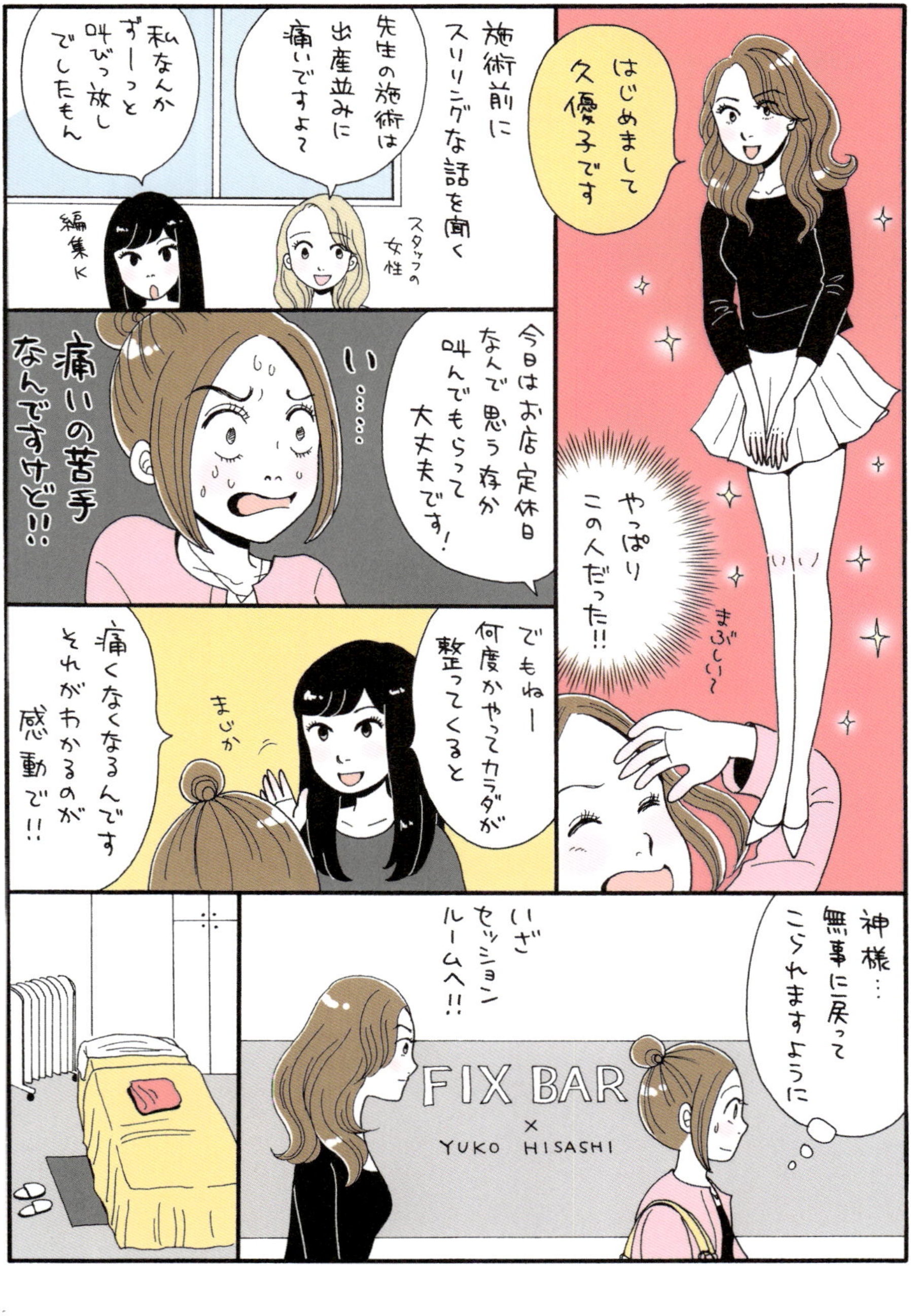

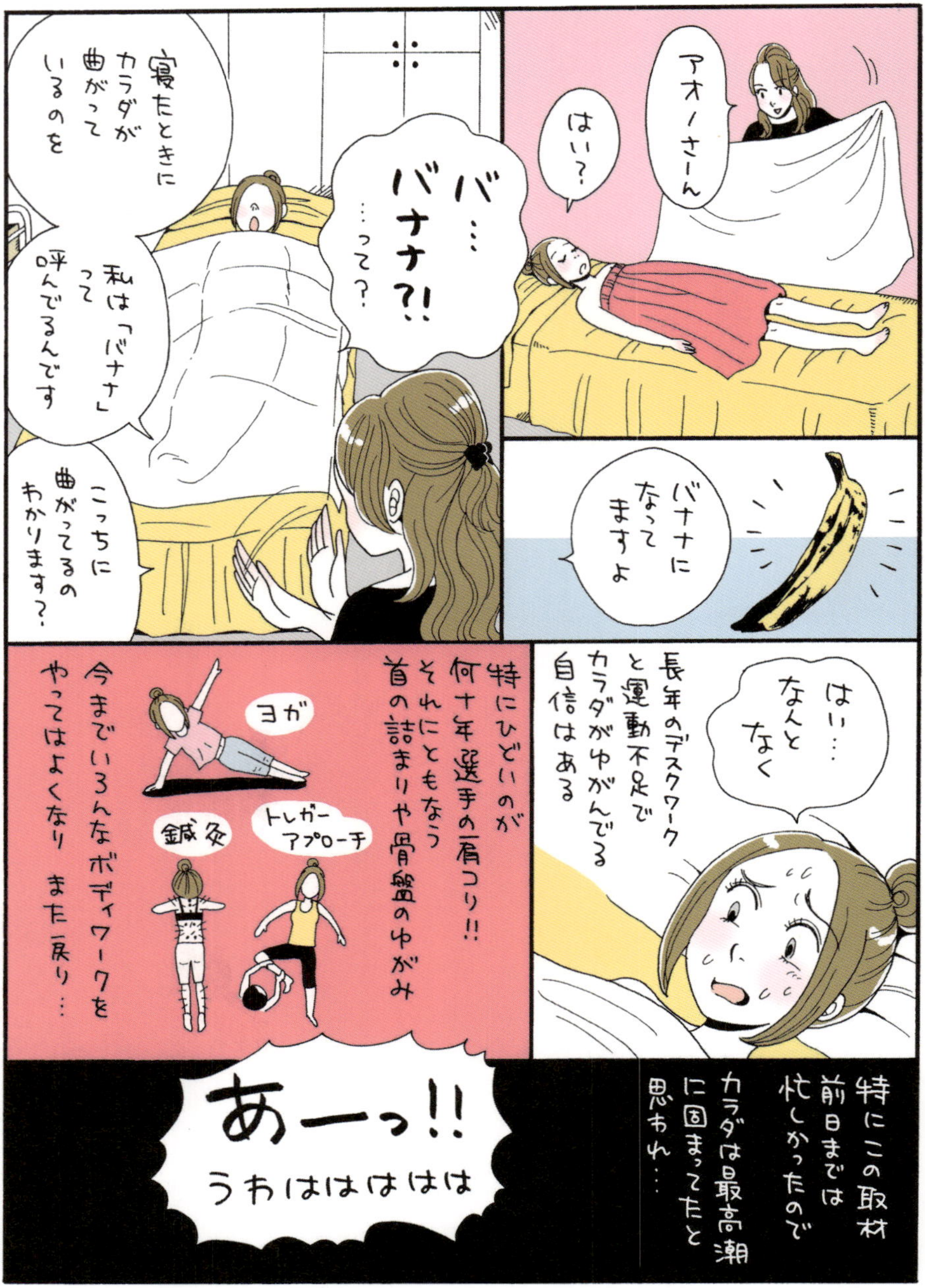

アオノさーん
はい？
バナナになってますよ
バ…バナナ?!
…って？
寝たときにカラダが曲がっているのを
私は「バナナ」って呼んでるんです
こっちに曲がってるのわかります？
はい…なんとなく
長年のデスクワークと運動不足でカラダがゆがんでる自信はある
特にひどいのが何十年選手の肩コリ!!
それにともなう首の詰まりや骨盤のゆがみ
ヨガ
トレガーアプローチ
鍼灸
今までいろんなボディワークをやってはよくなりまた戻り…
特にこの取材前日までは忙しかったのでカラダは最高潮に固まってたと思われ…
あーっ!!
うおははははは

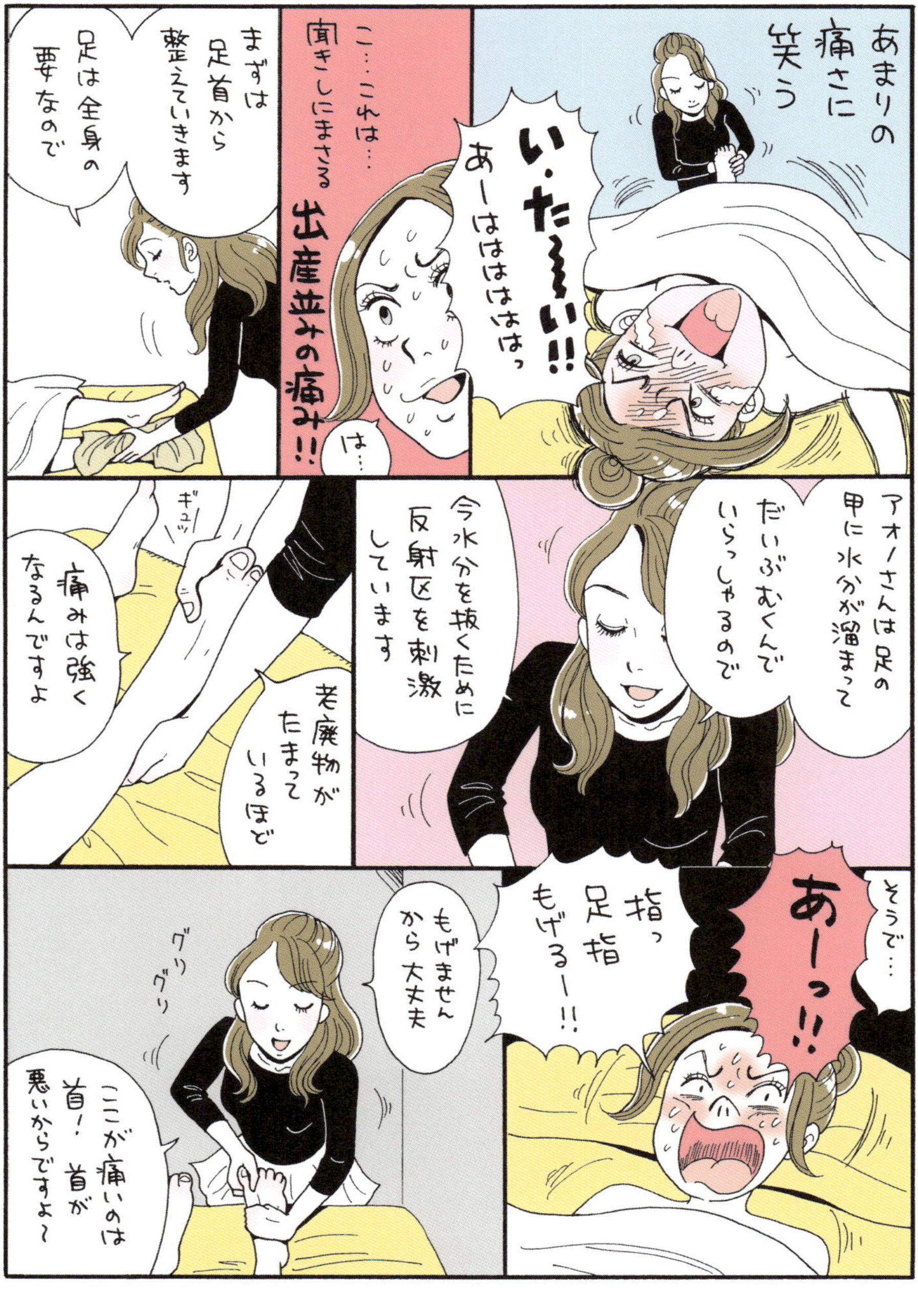
あまりの痛さに笑う
い・た〜い!!
あーはははははっ
こ…これは…聞きしにまさる
出産並みの痛み!!
は…
まずは足首から整えていきます
足は全身の要なので
アオノさんは足の甲に水分が溜まって
だいぶむくんでいらっしゃるので
今水分を抜くために反射区を刺激しています
ギュッ
老廃物がたまっているほど
痛みは強くなるんですよ
そうで…
あーっ!!
指っ足指もげるー!!
もげませんから大丈夫
グリグリ
ここが痛いのは首! 首が悪いからですよ〜

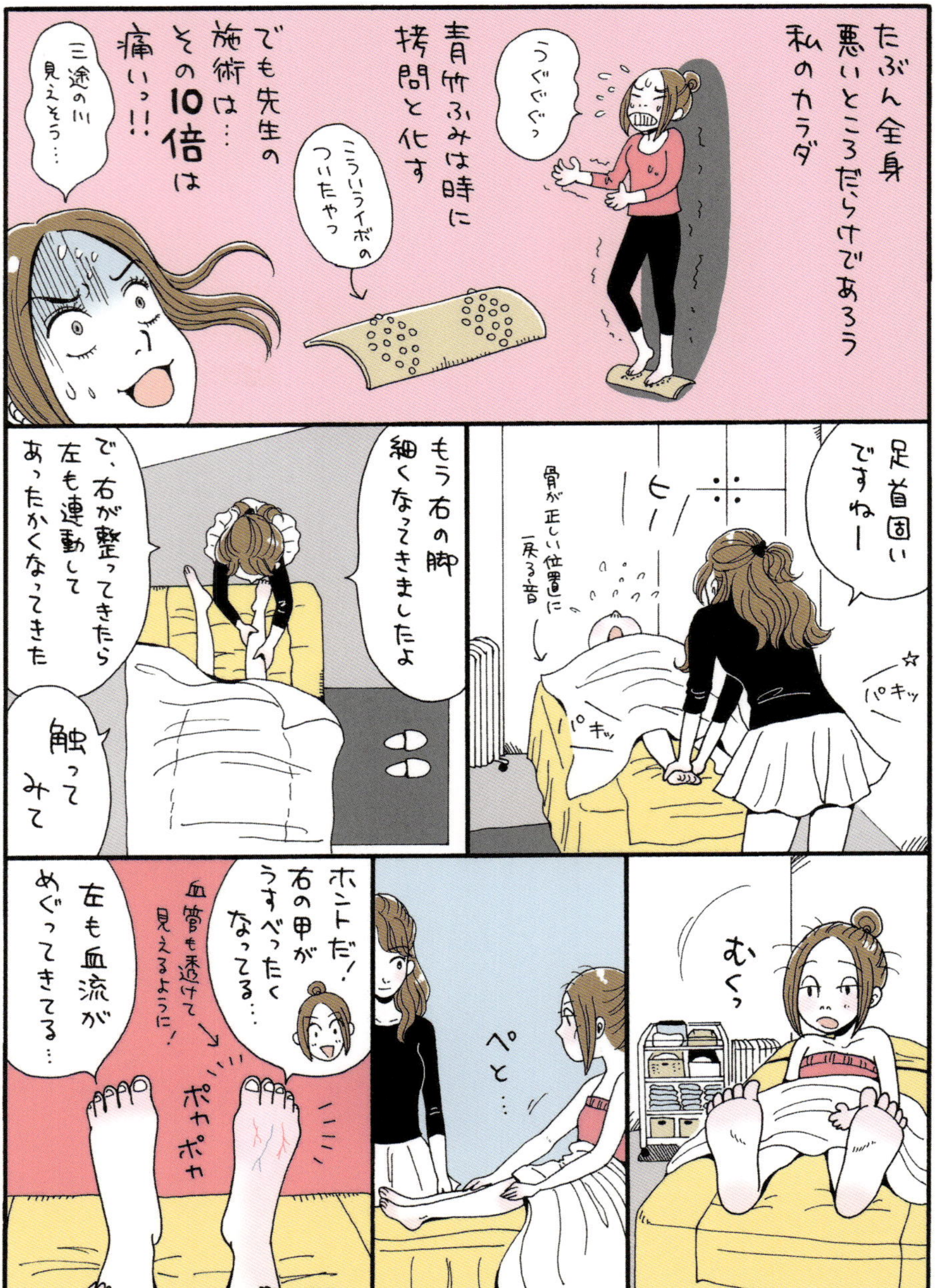
たぶん全身
悪いところだらけであろう
私のカラダ
うぐぐぐっ
青竹ふみは時に拷問と化す
こういうイボのついたやつ
でも先生の施術は…その10倍は痛いっ!!
三途の川見えそう…
足首固いですねー
ヒ
骨が正しい位置に戻る音
パキッ☆
パキッ
もう右の脚細くなってきましたよ
で、右が整ってきたら左も連動してあったかくなってきた
触ってみて
むくっ
ぺと…
ホントだ! 右の甲がうすべったくなってる…
血管も透けて見えるように!
ポカポカ
左も血流がめぐってきてる…

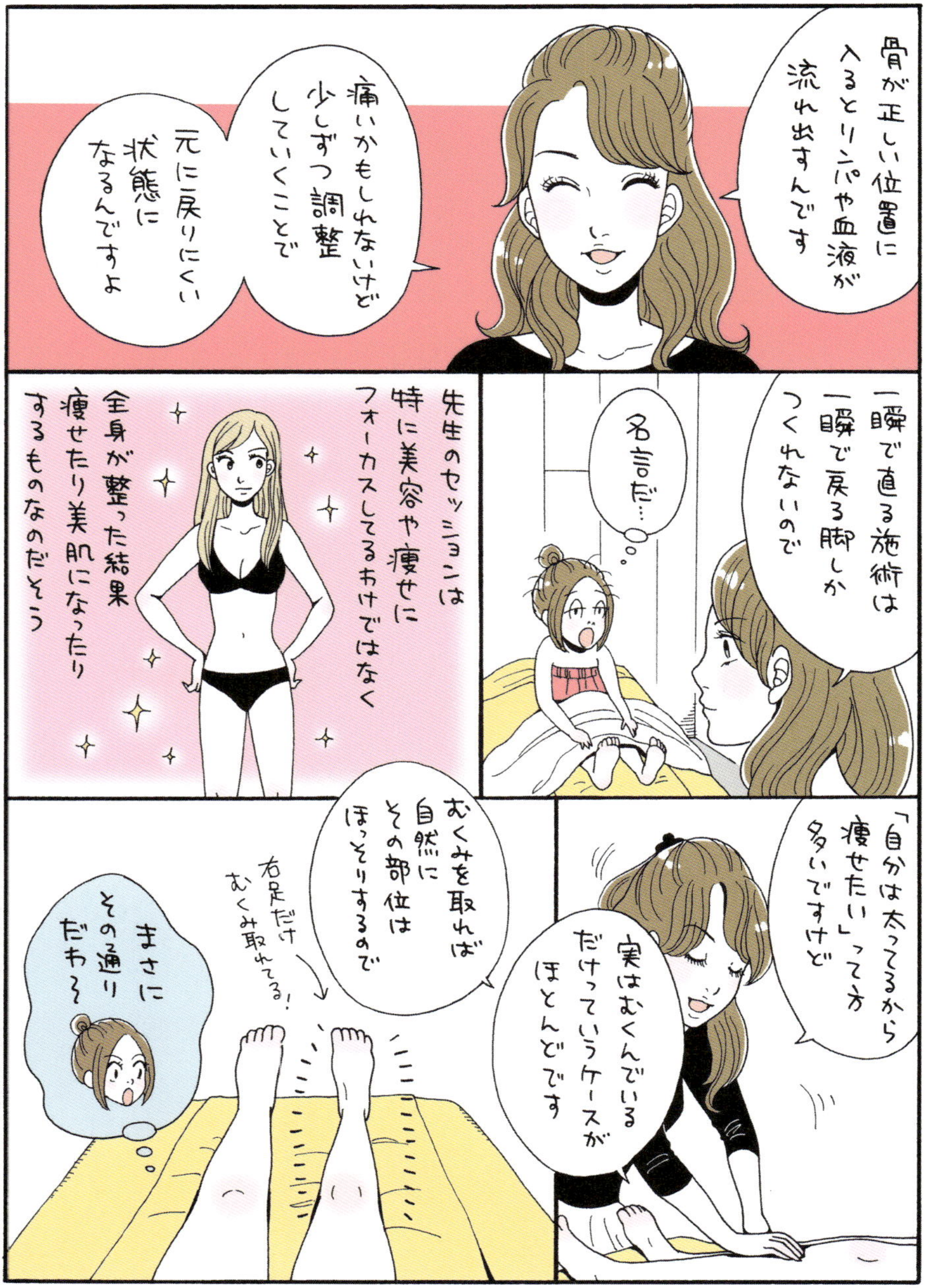
骨が正しい位置に入るとリンパや血液が流れ出すんです
痛いかもしれないけど少しずつ調整していくことで
元に戻りにくい状態になるんですよ
一瞬で直る施術は一瞬で戻る脚しかつくれないので
名言だ…
先生のセッションは特に美容や痩せにフォーカスしてるわけではなく
全身が整った結果痩せたり美肌になったりするものなのだそう
「自分は太ってるから痩せたい」って方多いですけど
実はむくんでいるだけっていうケースがほとんどです
むくみを取れば自然にその部位はほっそりするので
右足だけむくみ取れてる！
まさにその通りだわ〜

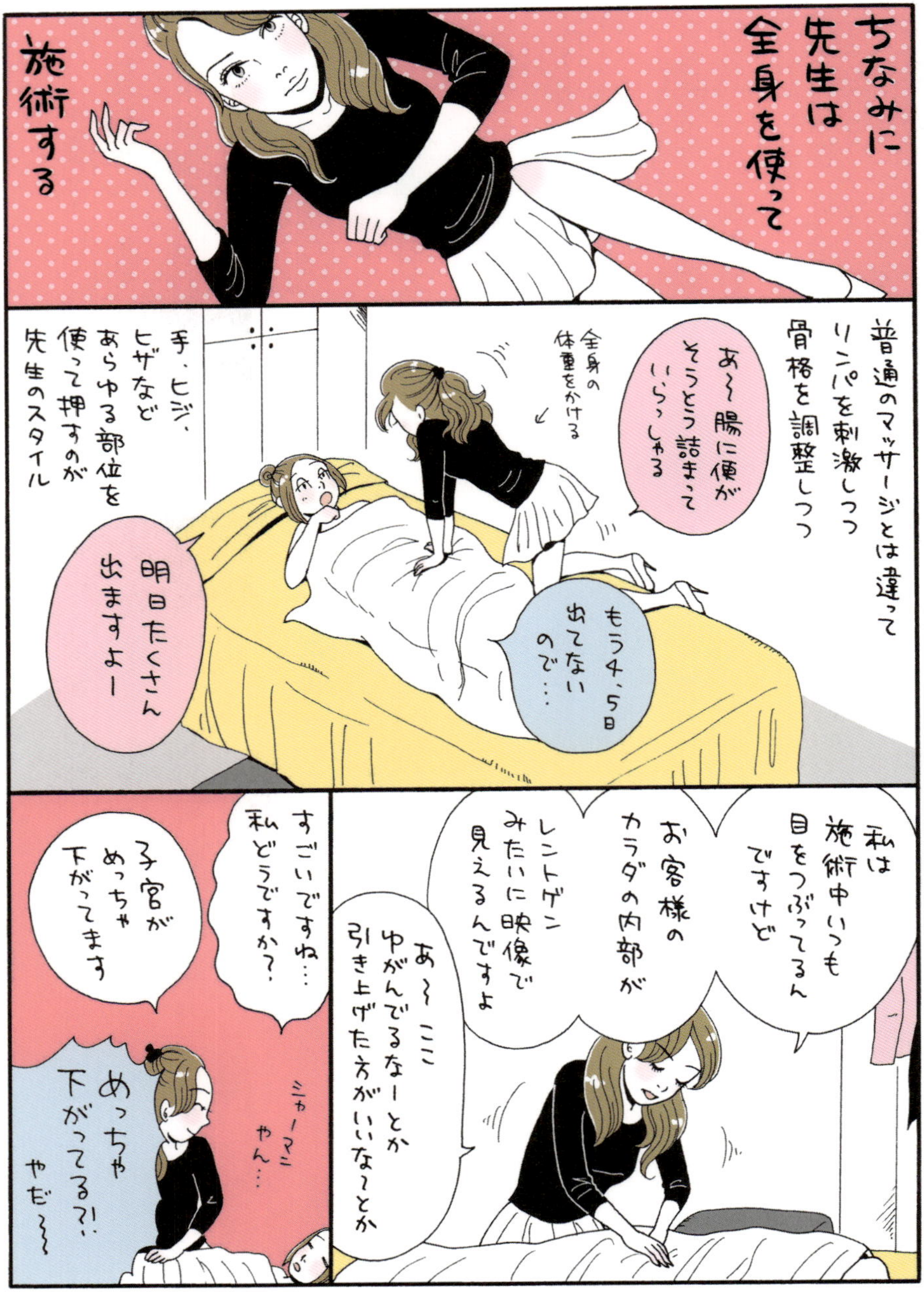
ちなみに先生は全身を使って
施術する
普通のマッサージとは違ってリンパを刺激しつつ骨格を調整しつつ
あ〜腸に便がそうとう詰まっていらっしゃる
全身の体重をかける
手、ヒジ、ヒザなどあらゆる部位を使って押すのが先生のスタイル
もう4、5日出てないので…
明日たくさん出ますよー
私は施術中いつも目をつぶってるんですけど
お客様のカラダの内部がレントゲンみたいに映像で見えるんですよ
あ〜ここゆがんでるなーとか引き上げた方がいいな〜とか
すごいですね…私どうですか？
子宮がめっちゃ下がってます
シャーマンやん…
めっちゃ下がってる?!
やだ〜〜

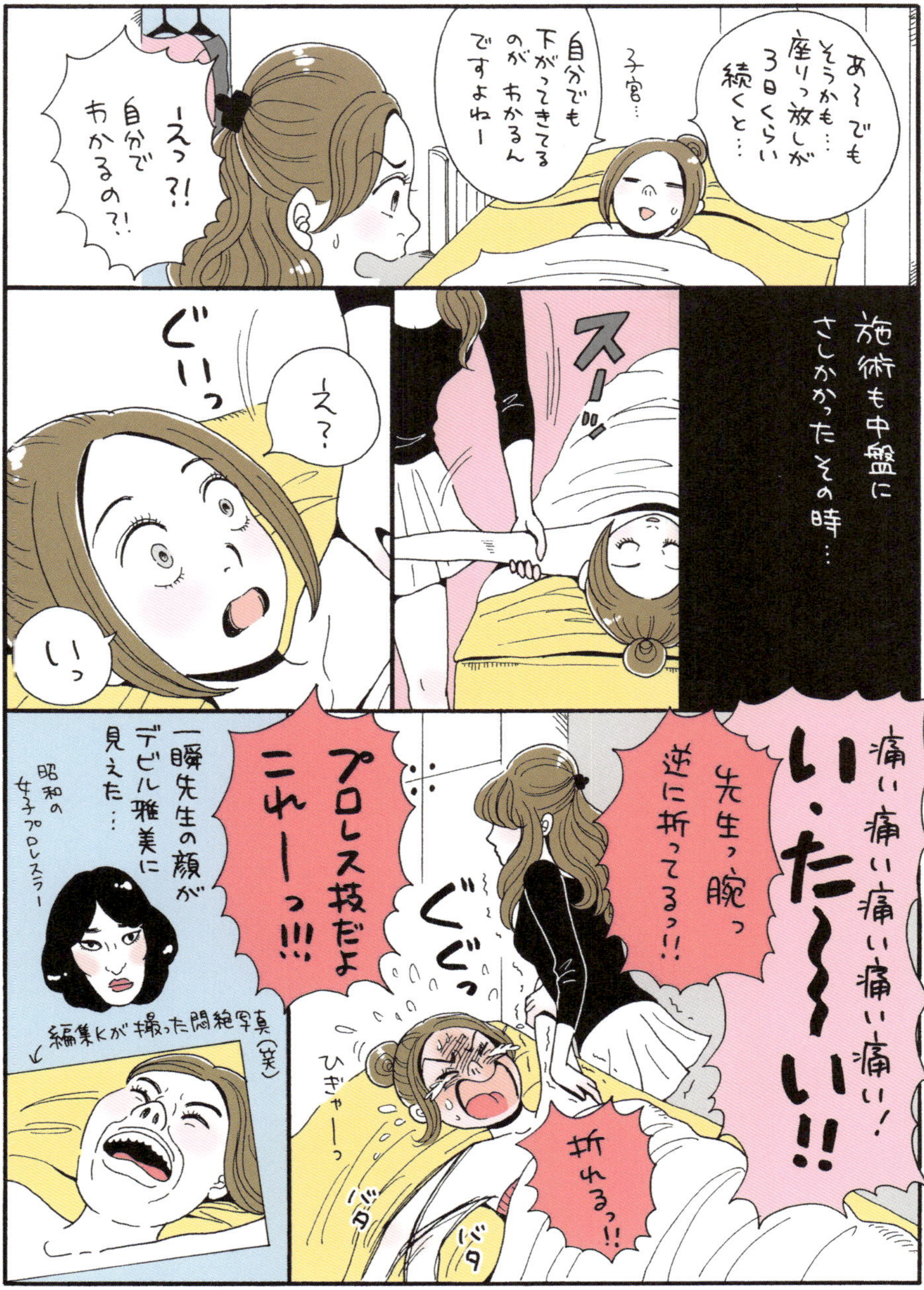
あ〜でも そうかも… 座りっ放しが 3日くらい 続くと…
子宮…
自分でも 下がってきてる のが わかるん ですよねー
ーえっ?! 自分で わかるの?!
施術も中盤に さしかかった その時…
スーッ
ぐいっ
え?
いっ
痛い痛い痛い痛い痛い!
い・た〜〜い!!
先生っ腕っ 逆に折ってるっ!!
ぐぐっ
ひぎゃーっ
折れるっ!!
バタ
バタ
プロレス技だよ これーっ!!!
一瞬先生の顔が デビル雅美に 見えた…
昭和の 女子プロレスラー
編集Kが撮った悶絶写真(笑)

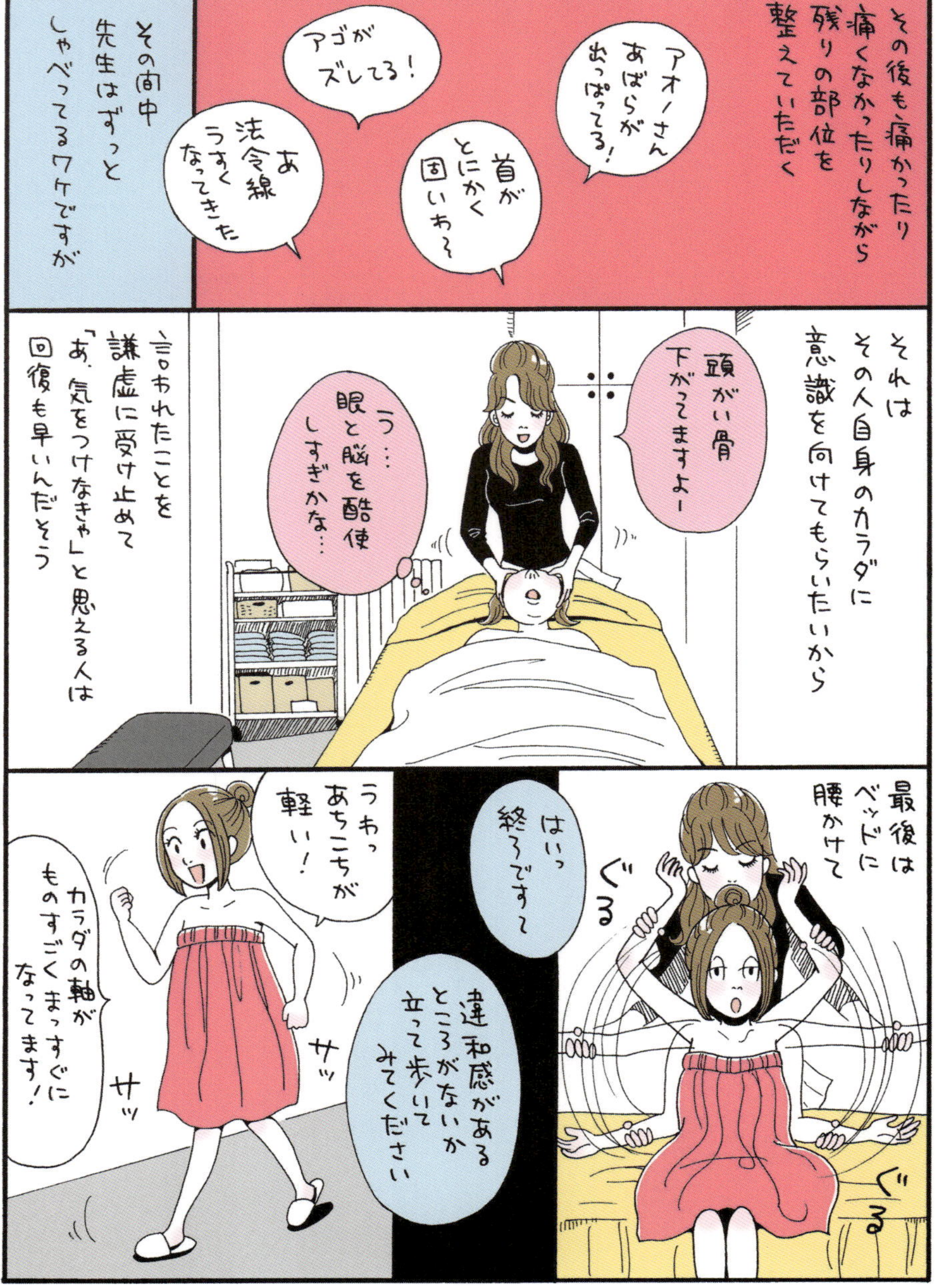
その後も痛かったり
痛くなかったりしながら
残りの部位を
整えていただく
アオノさん あばらが 出っぱってる!
アゴが ズレてる!
首が とにかく 固いわ〜
あ 法令線 うすく なってきた
その間中
先生はずっと
しゃべってるワケですが
それは
その人自身のカラダに
意識を向けてもらいたいから
頭がい骨 下がってますよー
う… 眼と脳を酷使 しすぎかな…
言われたことを
謙虚に受け止めて
「あ、気をつけなきゃ」と思える人は
回復も早いんだそう
最後は ベッドに 腰かけて
ぐる
ぐる
はいっ 終了です
違和感がある ところがないか 立って歩いて みてください
うわっ あちこちが 軽い!
サッ
サッ
カラダの軸が ものすごくまっすぐに なってます!

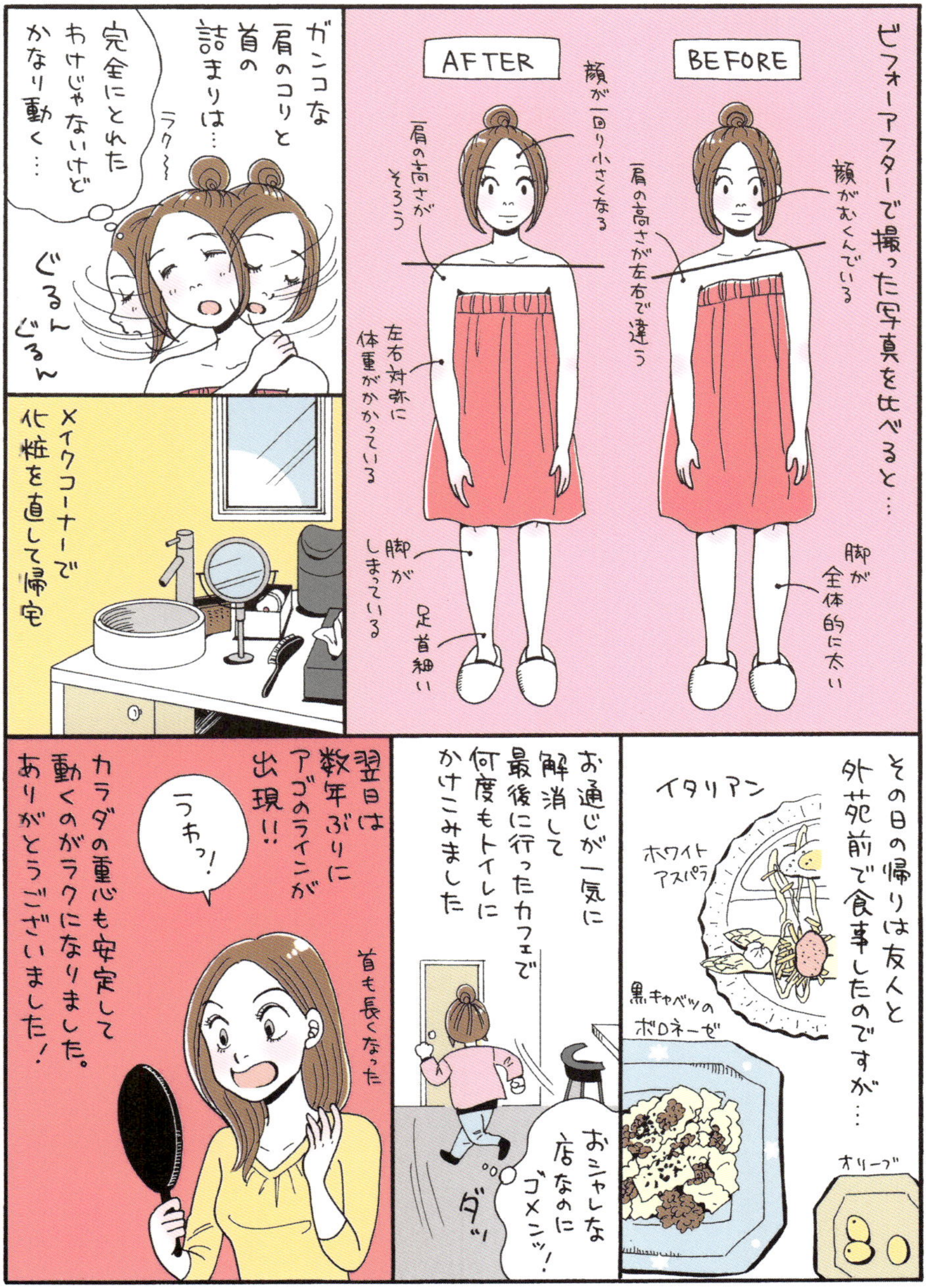

ビフォーアフターで撮った写真を比べると…
BEFORE
AFTER
顔がむくんでいる
肩の高さが左右で違う
脚が全体的に太い
顔が一回り小さくなる
肩の高さがそろう
左右対称に体重がかかっている
脚がしまっている
足首細い
ガンコな肩のコリと首の詰まりは…
完全にとれたわけじゃないけどかなり動く…
ラク〜
ぐるんぐるん
メイクコーナーで化粧を直して帰宅
その日の帰りは外苑前で友人と食事したのですが…
イタリアン
ホワイトアスパラ
黒キャベツのボロネーゼ
オリーブ
お通じが一気に解消して最後に行ったカフェで何度もトイレにかけこみました
ダッ
おシャレな店なのにゴメンッ!
翌日は数年ぶりにアゴのラインが出現!!
うわっ!
首も長くなった
カラダの重心も安定して動くのがラクになりました。ありがとうございました!

CHAPTER 1

2,000人をやせさせた「久式リンパマッサージ」の秘密

医療現場で用いられる
リンパマッサージをベースに、
人体解剖学など、様々な分野での研究を重ねて
考案した独自のメソッドです。
このやせる仕組みをしっかり理解してから
マッサージを行えるよう、
丁寧に解説をつけました。

太っている人は冷たくて硬い。やせている人は温かくて柔らかい

太っている人は冷たくて硬い――。

サロンを開業して10年、多くのお客様と接してきた中での実感です。

昔の私がそうだったように、太っている人は、関節などがこわばっていて身体がゴチゴチです。こわばっているということは、歪みがあるということで、その歪みが、血液やリンパ液の巡りを悪くします。

血液の巡りが悪いということは、全身の血液を送り出すポンプの力が低下したり、血管が硬くなったりして、全身に血液が行き届かなくなっている状態です。結果、「冷え」が起こります。太っている人が冷たいのは、これが理由です。特に足首は心臓から遠い部分のため、冷たさが目立ちます。

一方、リンパの巡りの悪さは、「むくみ」を招きます。むくみは、リンパの流れが滞り、老廃物が細胞間にたまってしまうことで起きるもの。老廃物がたまってい

ると、その部分はゴリゴリしていて硬い。おまけに、太っている人の中には、冷えが原因でセルライトができている人も少なくありません。セルライトがあると、お肉はガッチガチ……。太っている人の身体に触れると「カタッ！」という印象です。

太っている人は冷たくて硬い。そのメカニズムをご理解いただけたでしょうか。

これがわかれば、やせている人は温かくて柔らかい――の理由もおわかりですよね。やせている人は関節もしなやかで身体に歪みが少ないため、血液やリンパ液の巡りがスムーズで、冷えもなければむくみもほぼない。結果、身体は温かくてしなやか、お肉もとても柔らかいのです。

ちなみに、太っているときの私の身体は、冷たくて硬かったのですが、今は、触ると温かく、お肉は柔らかくて適度にぷよぷよしています。

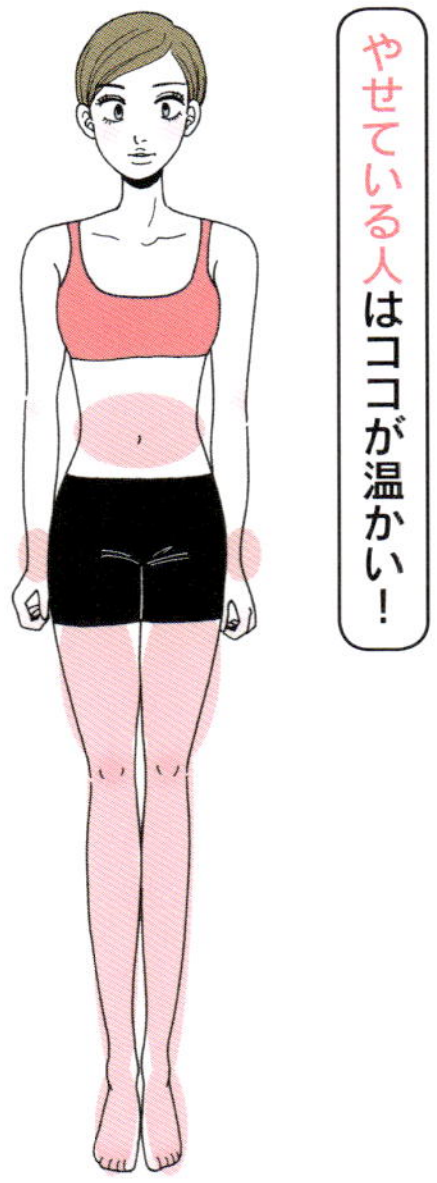
やせている人はココが温かい！

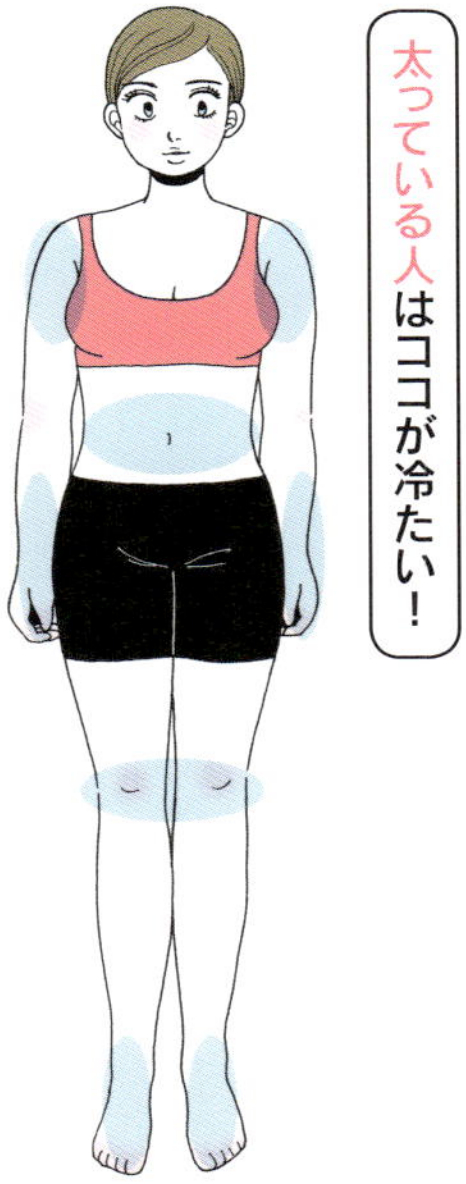
太っている人はココが冷たい！

「滞り」＝「むくみ」を解消するだけでマイナス3kg!?

太っている人はもちろん、身体に不調を抱えている人は、巡りが悪い、つまり、「滞り」を抱えています。滞りとは、リンパの流れが悪い状態です。

リンパ液が流れるリンパ管は、血管のように全身に張り巡らされています。そして、静脈に入り切らなかった老廃物や毒素を運んで体外へ排出する役割を担っています。このように、とても大切な働きをしているリンパですが、実はこれが、けっこう滞りやすい……。

リンパはもともと流れがゆっくりで、滞りやすいのですが、外的な影響も受けやすく……。運動不足による筋肉への刺激の低下、食生活の乱れやストレスの影響などで、すぐに流れが滞ってしまうのです。

リンパの流れが滞ると老廃物が排出されず、水分が体内にたまってしまいます。その結果が「むくみ」。むくみは特別な人だけに起こる現象ではありません。誰もが「私はむくんでいる」という認識を持っていいと思います。

長時間立ちっぱなしでいたら脚がパンパンになった、二日酔いで目が腫《は》れぼったい……。むくみというと、すぐにこのようなことを思い浮かべますが、むくみは、脚や顔に限ったことではありません。

リンパが滞っているためにうまく体外に排出されない老廃物は、骨の裏、横、キワなどにたまりやすくなります。特に、手や足には小さな骨が集結していますから、それだけ老廃物がたまるとむくみやすい部位と言えるでしょう。老廃物は関節にもたまるし、内臓にもたまる。私たちの身体には、リンパ液が運んできた老廃物や毒素をろ過する役目を持つリンパ節がありますが、ここにも老廃物はたまります。つまり、老廃物は全身にたまる＝むくみは全身に及んでいる、ということです。

しかし、それだけに、むくみが解消されたときの、やせ効果は絶大！

「巡り」を良くする「久式リンパマッサージ」を続ければ、むくみがなくなり、それだけで、3kg程度は体重が落ちるはず。むくみを解消すると身体のラインがシャープになるため、実質マイナス3kgだとしても、それよりはるかにやせたように見えるのです！

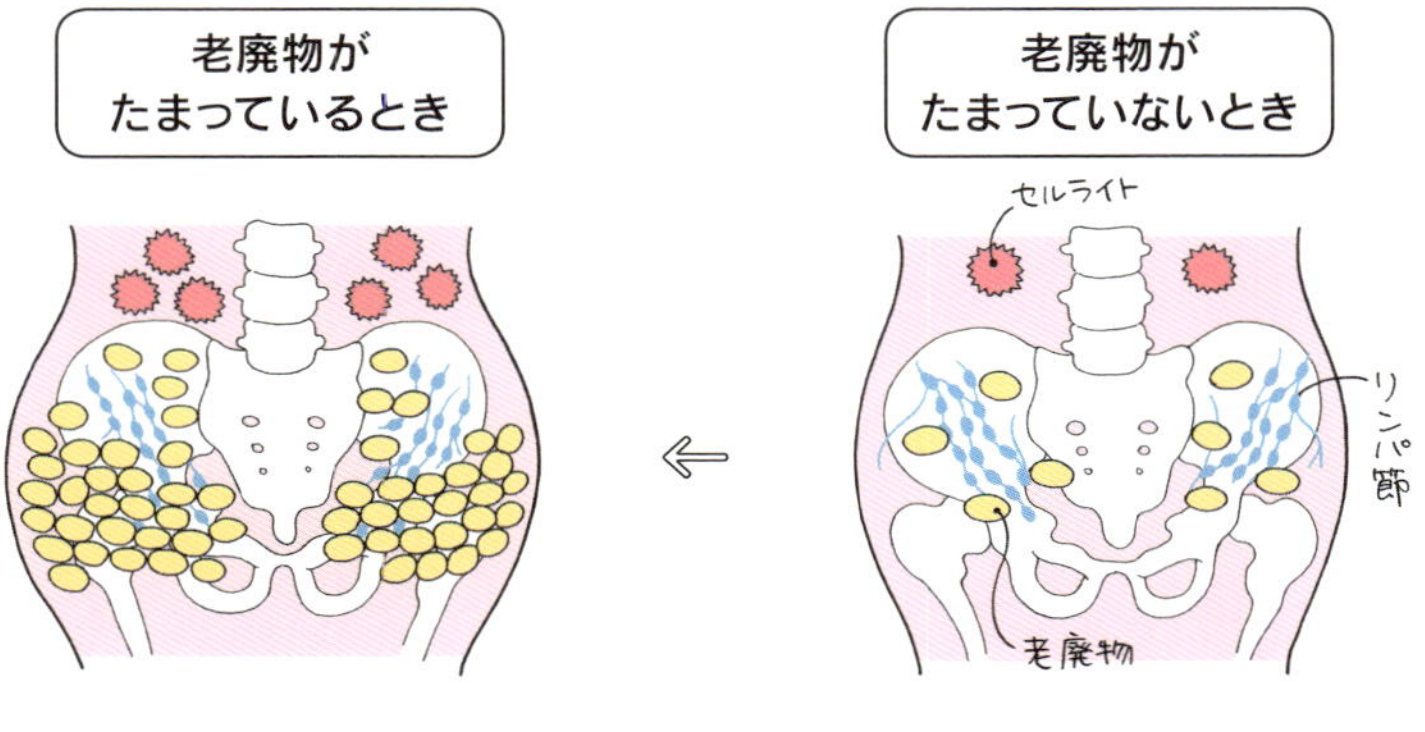

老廃物がたまっていないとき
セルライト
リンパ節
老廃物
老廃物がたまっているとき

「むくみ」の原因、「老廃物」ってそもそもナニ？

リンパの流れが滞ることで身体に「老廃物」がたまり、それが「むくみ」の原因になることは、すでにご説明した通りです。

老廃物とは、例えば、細胞の死《し》骸《がい》がそう。私たちの身体の中の細胞は常に生まれ変わっていますが、死んだ古い細胞は老廃物として、本来なら体外に排出されるべきものです。筋肉を動かしたときに出る疲労物質である乳酸も老廃物の一種。また、いらなくなった脂肪なども老廃物となって運ばれます。

滞ってむくみの原因になる物質といえば、食べ物と一緒に口に入る添加物などの化学物質も、そのひとつです。本来ならリンパによって体外に排出されるものですが、リンパが滞ることで体内にたまり、むくみの原因になってしまいます。

これらの老廃物（化学物質も含む）は、生きている限り発生します。個人差があるとはいえ、老廃物がない人はいません。「私は変なものは口にしないようにしているし、運動も適度にやっているし、すごく健康なの！」という人でも、必ず老廃物は発生しているし、たまっているものです。

多かれ少なかれ、誰しも老廃物がたまってむくんでいます。それをなくすことで身体は必ずすっきりします。もちろん、あなたも！　久式リンパマッサージが万人に効く、というのは、そういうことなのです。

老廃物はこんなところにたまる！

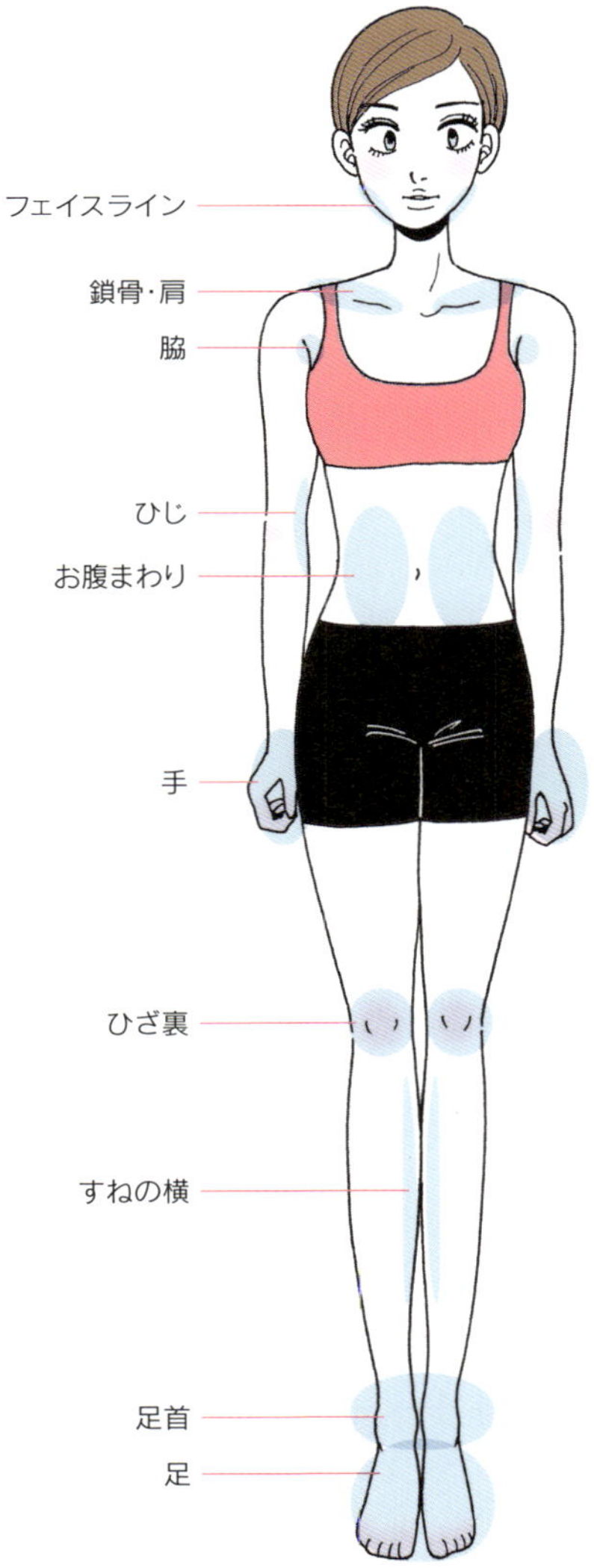
フェイスライン
鎖骨・肩
脇
ひじ
お腹まわり
手
ひざ裏
すねの横
足首
足

「老廃物」を流すとなぜやせる？

むくみの原因となっている「老廃物」を流すには、なにはさておき、リンパの滞りを解消する必要があります。

しかし、血液が１分で全身を一周するのに対し、リンパ液の流れはとてもゆっくりで、１分間に約20〜30㎝しか流れません。まわりの筋肉が動くことで、やっとリンパ液が押し流される程度で、リンパ管は詰まりやすい……。もともと非常に〝繊細なお仕事ぶり〟ですから、そもそも老廃物がたまりやすい。それに加え、既述したように、外的な影響も受けやすいのですから、やっかいなのです。

というわけで、常に老廃物の排出をスムーズにしておくためには、セルフマッサージなどのケアが欠かせません。

やせたい人なら、なおのこと。太っている人は、すでに相当量の老廃物がたまり、冷えたりむくんだりしているはずですから、リンパ節（リンパを通過させる器官）をしっかり開いてリンパが流れる道を作り、ゴリゴリした老廃物をちゃんとほぐして流す必要があります。同時に、関節をゆるめることで、老廃物のスムーズな排出を助けます。

こうして老廃物を流すと、身体は確実にほっそりしてきます。たまっていたものがなくなってむくみが取れるのですから、当然といえば当然です。

それだけではありません。「久式リンパマッサージ」では、リンパばかりか血液の流れも促進しますから、冷えが解消され、代謝が上がります。

関節の可動域を広げ、普段使わない筋肉を意識的に刺激するため、しなやかで柔軟な身体にもなります。このこともまた、代謝を上げるのにひと役買います。いずれにせよ、代謝が上がればやせやすくなりますし、また、太りにくくもなるというわけです。

リンパが滞って老廃物がたまる↓身体がむくむ↓ますますリンパの流れが悪くなって老廃物がたまる↓さらにむくむ↓もっと滞る……。太っている人は、このような負のスパイラルに陥っていることがほとんどです。

やせたいなら、この連鎖を断ち切らねば！

運動と食事制限でやせるなんて、もう古い！

ダイエットに運動と食事制限は不可欠、と信じ込んではいませんか？　でも、私は、運動も食事制限もなしでダイエットに成功しています。その経験から声を大にして言いたい。「運動と食事制限をしなくてもやせられる！」と。

筋トレにしろ、ウォーキングにしろ、ジョギングにしろ、ダイエットしている人を見ていると、「運動をやっている自分」に満足しているだけで、本来の運動の効果はちっとも得られていない人が多いように感じます。

はぁはぁ息を切らしながらやって、自分では「効いてる、やせるぞ」と思っているのかもしれませんが、フォームはぐちゃぐちゃ。正直、かえって身体の歪みを招いているような場合も少なくありません。おまけに、疲労物質の乳酸がたまりっぱなしで、ちっともケアしていない……。それって、どうなの!? と私は思います。

そんな運動ならやらないほうがマシ。それより、電車をひと駅手前で降りて歩くとか、ぐうたらせず、日々テキパキ動いて活動量を増やすほうが、よほどいい。ただし、日常の歩き方や姿勢には注意したいものですが。

一方、食事に関しては、「ダイエット中でも食べていけないものはない」というのが、私の持論です。

主食を抜いておかずだけ食べる、揚げ物はいっさい口にしない……などと、自分に厳しいルールを課す人もいますが、そんな制限は、まったくしなくていい。むしろ、そういうことはやめてほしいと思います。大切なのはバランス。主食を抜いた分、他のものをガッツリ食べるくらいなら、すべてのものの量をちょっとずつ減らして、まんべんなくバランス良く食べるほうがいいのです。

ジャンクフードや甘いものだって、食べたいときは食べていい。ただし、食べる時間と量を考えることは、絶対に必要です。何も考えず、食べたいものを食べたいだけ食べ続けていたのでは、やせることはできません。気持ち少なめ、「腹八分目」を心がけましょう。また、ジャンクフードばかりを大量に食べているような人は、「本当にこれでいいの？」と、食べる質についても、ちょっと考えて。こうして少しずつ意識を変えていく。それが、ダイエットにおいてはとても重要なことなのです。

最近人気の「筋トレ」の落とし穴

近頃、筋トレをする人が増えています。流行りなのでしょうか、パーソナルトレーナーをつけてジム通いをしている女性も多いようですね。

適度な筋肉がついた身体は、確かに、しなやかで美しい。そんな身体を目指すと同時に、筋肉をつけることで代謝をアップし、脂肪燃焼効果を狙う。理屈としてはわかります。

けれども、パーソナルトレーナーをつけてまでガンガン鍛える方法については……。本当に効果があるの？　と、私は疑っています。

先日、12人の女性を前に講義をしました。そのうち5人がパーソナルトレーナーをつけて筋トレをしているという。それを知って私は問いました。「それでやせたな、と体感されている人はいますか？」と。すると、5人全員が、黙って下を向くではありませんか……。

私のサロンに通うお客様の中にも、パーソナルトレーナーをつけて筋トレをしている人が何人かいます。でも、彼女たちは、全くやせられていません。

やせないだけならプラスマイナス０で、まぁよしとしなければなりませんが、逆にマイナスになっている人が大多数です。

ハードなトレーニングをさせられて、しかも、ハードすぎてフォームが崩れてしまっているものだから、変なところに筋肉がついてしまっている。そのせいで、脚なんか、かえって太くなっているし、身体はガッチガチだし……。老廃物の一種である乳酸がたまりっぱなしで巡りが悪くなり、むくんでもいて……。

はっきり言います。「脚が細くなりたい」という女性がスクワットを１００回やったって脚は絶対に細くなりません。

そんな状態でせっかくサロンに来ていただいても、筋トレでおかしくなった身体を元に戻すのに時間がかかってしまって、なかなか次のステップに進めません。施術中は、変についてしまった硬い筋肉をずっとほぐしている感じです。やせて理想の身体を手に入れるために、良かれと思って始めた筋トレが、悲しい結果を招いてしまっているということですね。

あなたは大丈夫でしょうか。筋トレが流行りだからといって、すぐそれに飛びつくのではなく、それが自分の目的に合っているのか、よく考えてみてください。

身体を歪ませる行動、していませんか？

正しい姿勢

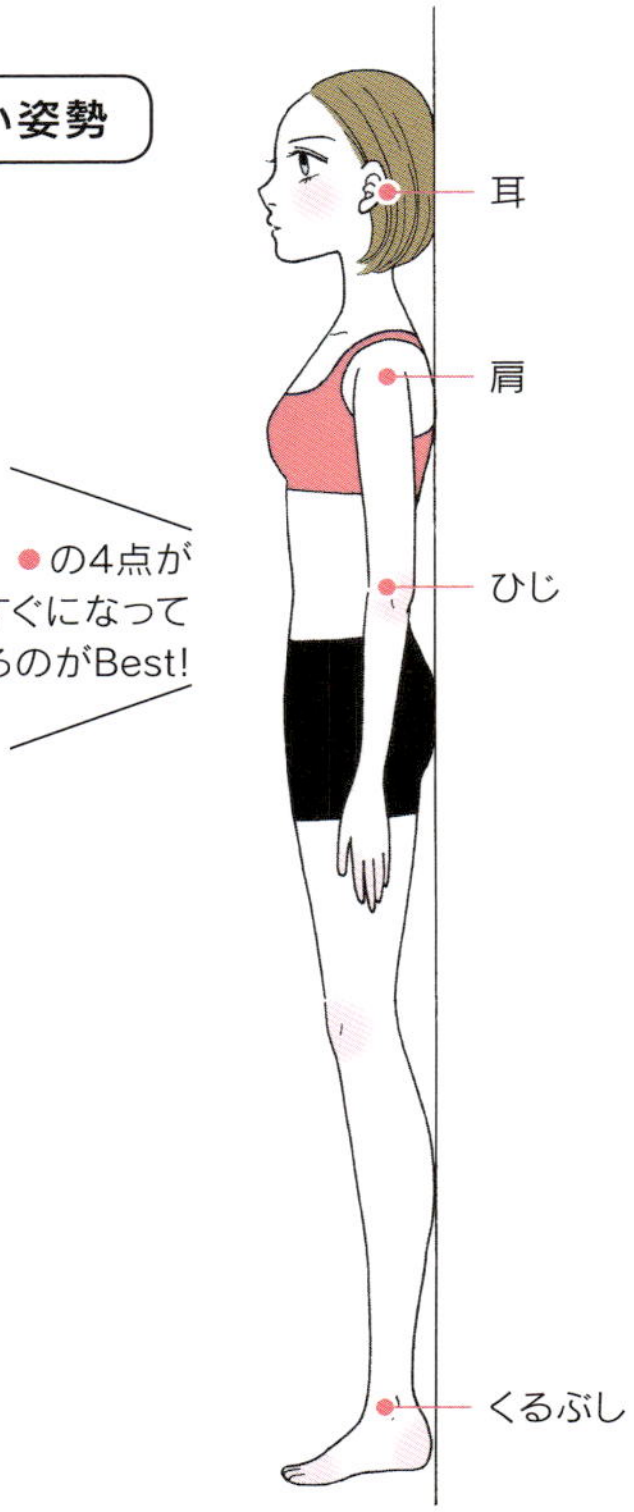

壁を使って、正しい姿勢を自分の身体に叩き込みましょう。後頭部、肩甲骨、お尻、かかとが壁に付くように立ってみましょう。あごをひき、左右の肩甲骨を寄せるようにしながら胸を張り、胃を持ち上げるようなイメージです。正しい姿勢ができるようになると、横から見たときに耳、肩、ひじ、くるぶしが一直線に。この姿勢を保つと内臓も定位置におさまり、正常に動くようになります。また、足の裏で地面をしっかり捉えられるようにもなります。

歪みは“巡る身体”の大敵ですが、身体を歪ませる行動は日常に溢《あふ》れています。私たちが日々、何気なくやっていることが、理想の“巡る身体”を阻害していることがあるのです!! 例えば、姿勢。立っているときも座っているときも、猫背は禁物。身体を歪ませます。立つときに、どちらかの足に重心をかけたり、何かに寄りかかったり、スマホをいじったりするのも、同様です。また、歩くときに膝が曲がっていても、やはり歪みの原因に。

バッグの持ち方のクセでも身体は歪みます。それを最小限にするには、荷物はできるだけ軽くする。どうしても重くなる場合は、ふたつに分けるなどして両手で持ち、負担を分散させます。同じ手でばかり持つ、同じ肩にだけかける、というのもNG。バッグは意識的に持ち替えて。さらに、重い荷物を持っての階段の上り下りも、身体の歪みに拍車をかけてしまいます。重い荷物を持っているときは、エレベーターやエスカレーターを使うようにしましょう。

その他、デスクワークでずっと同じ姿勢を続ける、ソファなどで窮屈《きゅうくつ》な寝方をする、横向きに寝るなども、身体を歪ませてしまうので注意して！

CHAPTER 2

「久式リンパマッサージ」なら やせたいところからやせられる！

「まずは脚を細くしたいの」

「私の場合は、最初におなかをどうにかしたい」

「いや、とりあえず小顔になるのが望みなの」

と、希望は人それぞれですよね。

久式なら大丈夫。

そのワガママ叶えます！

「脚から」「おなかから」「顔から」全身やせを叶えます！

スタートは足から。

これは、「久式リンパマッサージ」の揺るぎのないメソッドです。

足首の冷たさと硬さに気が付いて足首を回していたら、いつの間にかやせていた。この私の経験が証明しているように、「足」は、やせる身体をつくるのに、とても重要なパーツ。なぜなら、足は私たちの身体の土台だから。

足の骨が歪んでいたり、足首の関節が硬かったりすると、全身の関節まで硬くなり、歪みが出てリンパの巡りが悪くなります。ですから、私のメソッドでは、身体の土台となる足を整えることから始めるのです。

足首を柔らかくして、足指をしっかり動くようにして、足裏の筋肉をちゃんとつける。こんなふうにして足を整えることにより、膝関節、股関節、骨盤、背骨、頸椎（首の骨）の順でゆるみ、歪みなども矯正されてきます。足は全身に影響を及ぼす。つまり、最初に足を整えることで、全身やせが可能になるということです。

そんなわけで、パーツごとにやせるとしたら、理想は、まずP.49「脚からやせる」からチャレンジすること。「脚からやせる」には、久式メソッドの基本である足のケアが含まれていますから、非常に効率的なのです。**脚↓おなか、の順で行うのが、もっとも無駄がなく、効率的に効果を得られる方法です。**

とはいえ、もちろん、「どうしてもおなかから先にやせたいの」という人は、P.61「おなかからやせる」のメソッドからスタートしても構いません。やせたいところからやせられる、というのも、久式リンパマッサージのメリットです。

顔は、身体とはまったくの別ものですから、切り離して考えてOK。脚より先にやろうがあとにやろうが、効果に変わりはありません。

「久式リンパマッサージ」のやせるプロセス

関節をゆるめる

⇓

歪みがなくなる

⇓

全身の巡りが良くなる

⇓

老廃物が流れてむくみが取れる

⇓

代謝が上がる

⇓

やせやすく、一生太らない身体に！

「久式リンパマッサージ」は脂肪が移動するからスゴイ!!

足首を回すことでマイナス15kgのダイエットに成功した私は、今度は、つま先から脚の付け根、おなかまわりのマッサージを足のケアにプラスして続けていました。

すると、私の今のメソッドにつながる大きな発見が!!

その発見とは、「マッサージによってボディメイクができる」ということ。

私の理想のボディは「峰不二子」なのですが、毎日、彼女のフィギュアを見ながら、「このウエストの脂肪は胸に行っちゃえ」、「この脇の脂肪も胸へ」などとイメージしながら、脂肪を寄せ集めるようにマッサージしてみました。

その成果はみるみるあらわれ、マッサージをするのが楽しくなっていきました。

さすがに、架空の人物、アニメキャラの峰不二子にはなれませんでしたが（笑）、出るところは出て、締まるところは締まっている、という自分の理想に近いボディになったと思います。

「久式リンパマッサージ」には、この経験が生かされています。つまり、久式は、単にやせるだけではなく、脂肪を移動させることで、理想の身体を作っていくことができるメソッドなのです。

脂肪を移動させる、とは、例えば、脇のまわりの脂肪を思い浮かべてください。このぷにゅぷにゅした部分をブラジャーに上手におさめると、「あれ、あの贅肉はどこに行っちゃったの!?」と不思議に思うくらい、脇の辺りがすっきり、美しくなりますよね。この要領で、マッサージによって、脇のまわりについた脂肪を胸に寄せ集めたりできるのです。脂肪を移動させる＝欲しいところに持っていく、というイメージでしょうか。脚のラインも脂肪を移動させることで、美しく整ってきます。

さらに、久式では、例えば、脚のラインを整えたり、ウエストのくびれを作るために、脂肪を揉み出したりもします。不要な脂肪を揉み出してリンパに流すことで、削り取ると言えばいいのでしょうか。これもまた、久式のボディメイク術。「久式リンパマッサージは、欲しいところに脂肪が移動し、なおかつ、いらない脂肪は消えてなくなる」というのが、正しい言い方かもしれません。

やればやるほど食べても太らなくなる！
1回あたりのケア時間も減ります

何事もそうですが、人間、いくらやっても手応えを感じられないと、「もう、やーめた」と途中で投げ出してしまいがちですよね。でも、私のメソッドは、やればやっただけの効果を感じることができるはず。ですから、その分、続けられると自負しています。

関節などをゆるめて歪みをなくし、リンパの流れを良くすることで、たまっていた老廃物が流れるために、むくみが取れる。むくみが取れればボディラインがすっきりする。これは、自分で感じやすい効果のひとつです。

全身の巡りが良くなると体温が上がりますから、冷えが解消されますし、健康にもなります。体温が上がると免疫力がアップすると言われています。免疫力が上がれば、風邪を引きにくくもなります。このようなことも、自分で実感できることのひとつではないでしょうか。

さらに、「以前に比べると食べても太らなくなった」と実感できるようにもなるはずです。

体温が上がれば代謝もアップします。体温が1度上がると代謝は12～13％上がるとされていますが、代謝が上がれば、食べたものをどんどんエネルギーに変えていくので、やせやすく、太りにくくなると言えるのです。

「久式リンパマッサージ」は、みなさんの期待を裏切りません。やればやっただけ応えてくれます。

また、毎日ケアしていると、マッサージにかける時間もどんどん短縮されてきます。最初は一生懸命やらないと簡単には流れなかったものが、続けるうち、ひと押し、ふた押しするだけで、「あ、流れた」とわかるようになってくるのです。

毎日続けていると、関節がゆるんで、歪みも取れ、リンパの流れも促進されるため、短時間のマッサージでも、「効いてる！」と実感できるようになるわけです。

ぜひ毎日、続けてみてくださいね。

マッサージの際は
オイルを使うのが
オススメ！

体重ではなくボディライン！こんな〝カラダ〟を目指す方に最適のダイエットです

父が、「ミス・インターナショナル世界大会」の企画・運営に携わっていた影響で、私は、幼い頃から「女性の美」について聞かされて育ちました。日本ではとにかく細ければスタイルがいいと思われているけれど、世界基準では、ボン、キュッ、ボンのメリハリボディが美しいとされている——。

父は、こんなことをよく言っていましたが、今の私も、まったく同じ考えです。女性の美しさは体重ではなく、ボディラインで決まります。バストやヒップは出て、ウエストはちゃんとくびれている。こんなメリハリボディなら、たとえシルエットが太めでも、十分に美しいのではないでしょうか。

必要以上に脂肪をなくしたり、過度に筋肉をつけたりすると、女性らしさが失われてしまいます。これでは、美しいとは決して言えないのでは？と思うのです。

私の中では、「優しく、柔らかく、温かい」が理想の女性のイメージ。みなさんには、肉体的にも精神的にも、これを目指してほしいと思います。

「久式リンパマッサージ」は、そんな女性になるために最適なメソッドです。体重にこだわるのではなく、身体を整えて、女性が本来持つボディラインを作り出す。ホルモンや自律神経のバランスも整えますから、精神的にも安定してきて、心身ともに「優しく、柔らかく、温かい」になれるのです。

こんなカラダを目指そう!

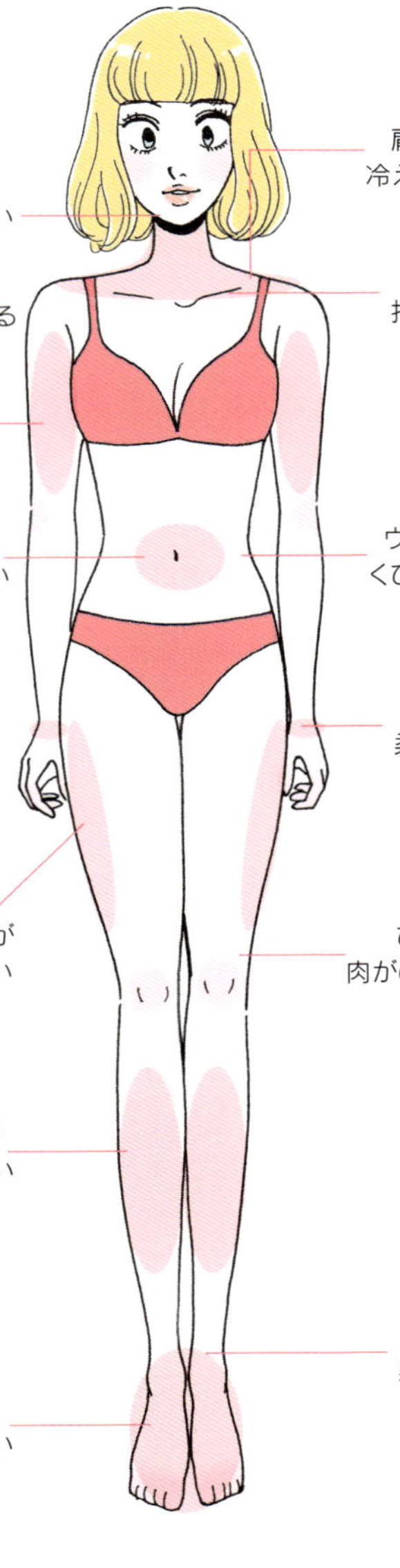
肩と首が冷えていない
二重アゴではない
二の腕がほっそりしている
鎖骨に指が入る
おなかが温かく柔らかい
ウエストにくびれがある
手首が柔らかい
太ももの外側が温かく柔らかい
ひざ上に肉がのっていない
ふくらはぎが温かく柔らかい
足首が柔らかい
足がむくんでいない

一番の変化は、「一生太らない」スイッチがオンになることです

私のメソッドでは「意識する」ということを、とても大事にしています。これまで何気なく行ってきた行動に意識を向ける、自分の身体に意識を向ける……。そうすることで、自分の身体や行動のクセを知ることができ、「私って姿勢が悪い。気を付けなくちゃ」とか、「おなかが空いているわけでもないのに食べ物を口にしちゃってる。いけないなぁ」などと気付きが生まれます。

意識すれば、自分の身体にも敏感になりますから、どんなに小さな変化も察知できるように。そして、マッサージの効果を実感します。何かしら効果を感じると、それが励みになって、気付きもどんどん増えてきます。

こうして悪い習慣がひとつ、また、ひとつと改められてくる。小さなことの積み重ねですが、最終的には、意識がガッツリ変わる。これこそ、〝一生太らないスイッチ〟がオンになるということです。ダイエットにおいては、実は、これが一番大事。

意識が変わらなければ、一時的にやせたとしても、結局、元に戻ってしまうのです。

『美・Conscious』。私の会社の名でもありサロン名でもありますが、このネーミングには、私の思いが詰まっています。『美・Conscious』は『be Conscious』（意識する）。私がどれだけ、「意識」を大事にしているか、おわかりでしょう。

「久式リンパマッサージ」の6つのルール

マッサージの効果を最大限に得るための6つのルール。意識をすることで結果はしっかりついてきます。

1 朝昼晩いつでもOK!

マッサージをするのに最適なのは、身体が温まっているときに裸の自分と向き合いながら行えるバスタイム。次にオススメなのは、朝起きて1時間以内ですが、これらの時間に行うのが難しい場合はムリをしなくても大丈夫。朝昼晩いつでもOK、自分のライフスタイルに合わせ、できるときに行うようにして!

2 「もむ」のではなく「押す」

「押す」は「もむ」に比べると、身体の表面を整えるだけでなく、深部へアプローチできるため、身体の内側からキレイになると同時に、美しくやせることができます。「押す」=「面として捉える」ということなので、初心者でもしっかり効かせやすいというメリットも。手が痛くなるようなこともありません。

3 「ながら」はNG

テレビを観ながら、お喋りしながら……の「ながらマッサージ」はやめましょう。「ながら」だと、マッサージに集中できないため、その分、せっかくの効果も得にくくなってしまうのです。慣れるまでは、しっかり本書の写真と解説を見て、自分の身体と向き合うようにしましょう。

4 キモチ強めに!

皮膚の浅い部分にも深い部分にもあるリンパは、頭のてっぺんから足の先、内臓の隅々までお互いの機能を補いながら流れています。「押す」ことでその流れは促進できますが、深部にまでアプローチするためには、「キモチ強め」くらいの圧で押すのが正解。「ちょっと強すぎ?」くらいの感覚でちょうどいいはずです。

5 具体的なイメージをしながら行う

「○○さんのようになりたい」と憧れの人をイメージするのもひとつですが、キュッと締まった足首、しなやかに伸びた美しい太もも、くびれたウエスト、引き締まったおなか、シャープなフェイスライン……など、より具体的なボディイメージを持つのがgood。そうやってマッサージすれば、なりたい自分により近付けます。

6 できればオイルを使いましょう

マッサージを行う際には、できればオイルを使いましょう。手の滑りが良くなり、マッサージがやりやすくなります。過度の摩擦を防いで、肌への負担を軽減するため、特に顔のマッサージのときには使いたいものです。オイルではなく、普段から使用している美容液や乳液でもOK。

＼ 他にもいろいろ ／

「久式リンパマッサージ」の嬉しい効果

免疫力がアップするから
風邪を引きにくくなる

生理痛が
緩和される

古傷やシミが消え、
肌がキレイになる

自然治癒力が上がって
傷の治りが早くなる

関節の可動域が広がって
動きがしなやかになる

肩凝り、腰痛などの
不調がなくなる

ボディラインが
美しくなる

体重以上に
やせて見える

立ち姿、歩く姿が
美しくなる

消化吸収の
バランスが良くなる

CHAPTER 3

「脚」からやせる！

キュッと引き締まった足首、
適度に柔らかなふくらはぎ、
贅肉のないスッキリとした膝、
まっすぐで引き締まった太もも……。
そんな理想の美脚は自分で作れます。

この本の使い方

正しい方法でエクササイズをするためにまずこちらをチェック。なぜ、どうやって、どんな順番で全身やせを叶えるのか、頭でしっかり理解してから実践していきましょう！

「久式リンパマッサージ」のやせる仕組みを理解

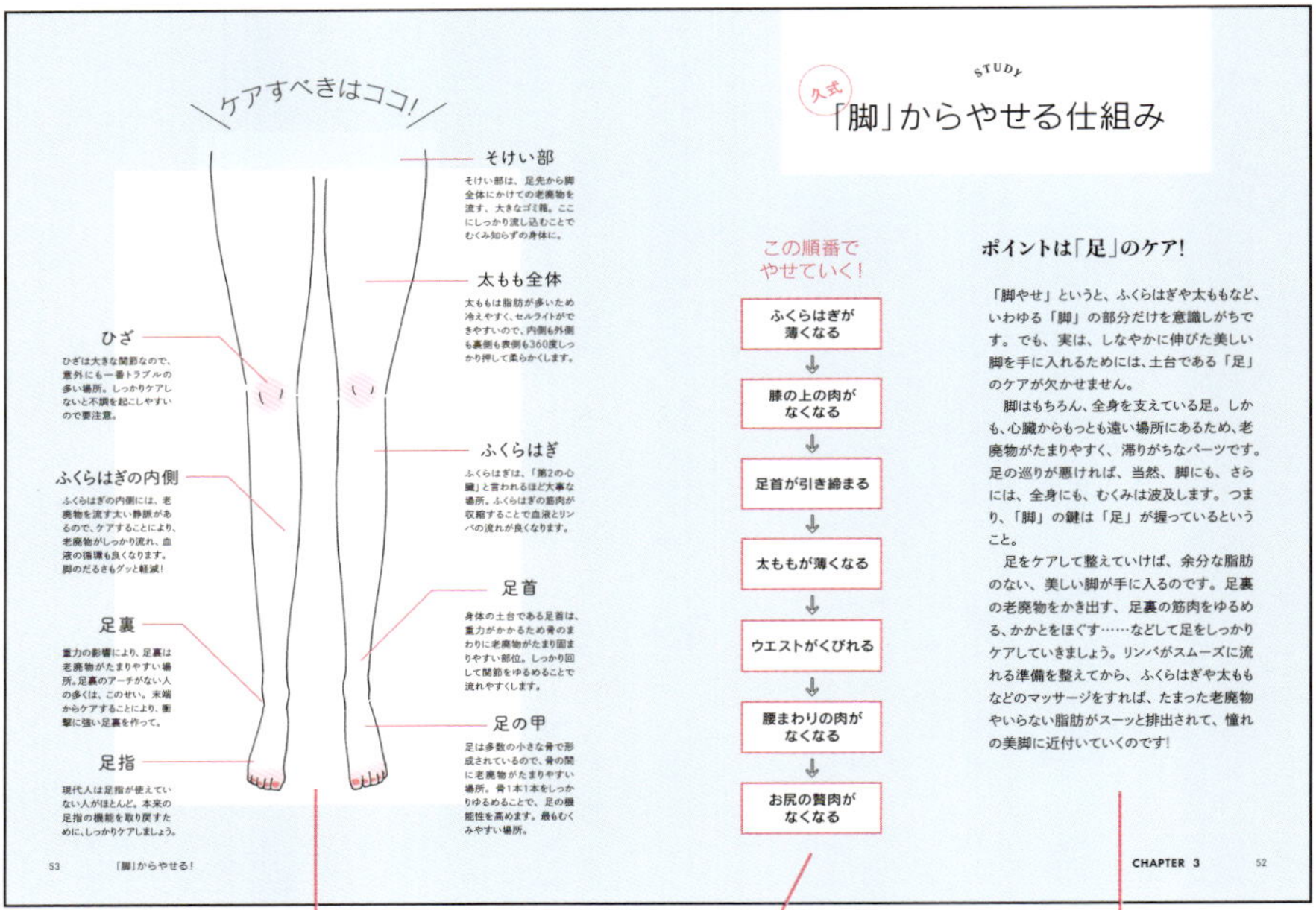

この後紹介するエクササイズで実際にケアするパーツを解説。

「脚」から全身やせを叶える、と言っても、実際は身体の部位ごとに順を追って細くなっていきます。その順番を知っておくと、実感も増して、モチベーションもアップするはず。

なぜやせられるか、のメカニズムを解説。流れを頭に入れてからエクササイズをすることでその効果は倍増します！

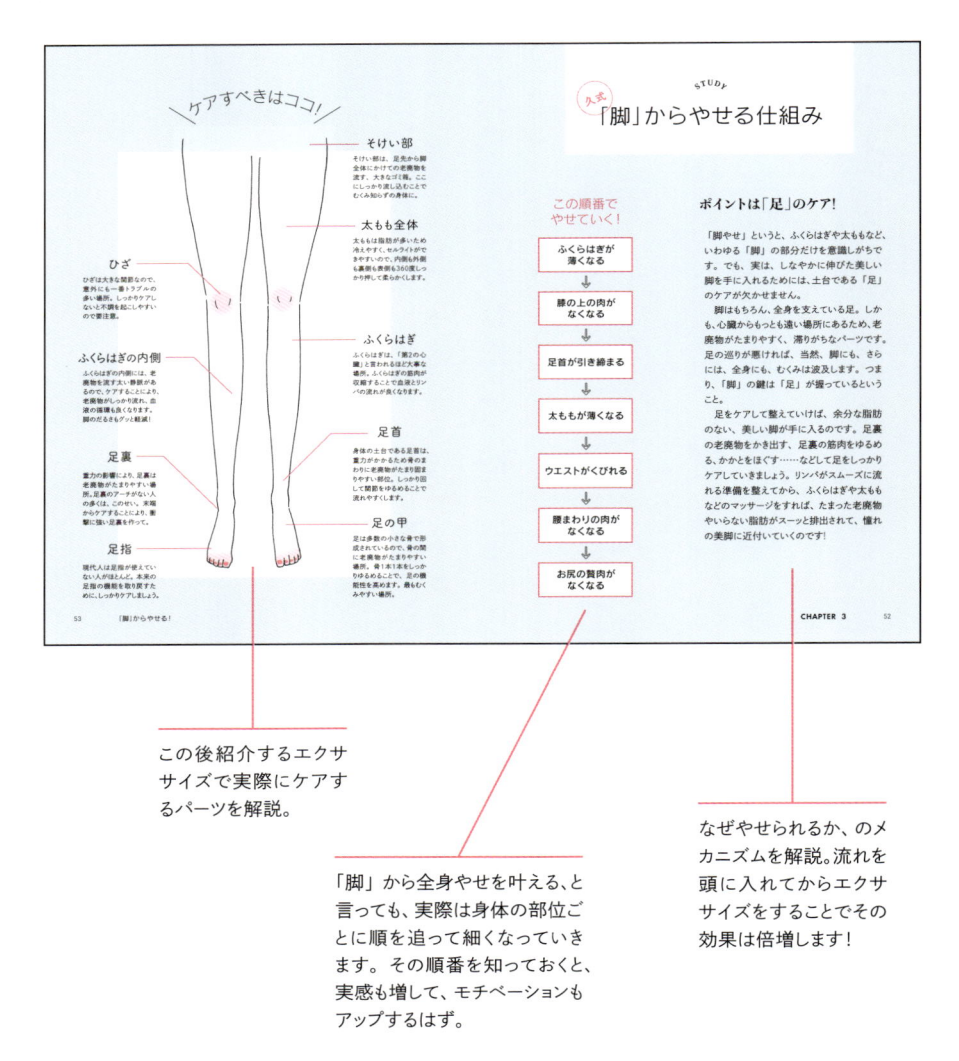

「久式リンパマッサージ」を実践！

FACE　BELLY　LEG

Leg Exercise

脚からやせるマッサージ

両脚1～ 1セット × 3回

基本姿勢

おしりのほっぺを床にきちんとつけ、左右バランス良く体重が均等にのるように座る。姿勢は正して。

この動きの目的

身体の土台である足。足先から脚全体のケアをし、脚の付け根にあるそけいリンパ節へ老廃物を流し入れることで、むくまない、疲れない、ラインの整った美脚を作ります。

Step 1

足のケア

No 1

足裏の老廃物をかき出す

足をもう一方の手で持ち、支えながら、足裏にある反射区の「湧泉」から「膀胱」にかけて、上から下に第二関節を使って足の裏を刺激します。そのまま足裏全体を上から下にまんべんなく押します。5～10回程度繰り返して。

手の第二関節をツメのように立てて！

湧泉《ゆうせん》

膀胱《ぼうこう》

No 2

足の指をしっかり開かせる

手の指を足指にしっかりはめ込み、足の指と指の間を開きます。5～10回程度指を前後に動かして開き切って。足がもう一方の太ももの上にのらない人は、イスに座って行ってもOK。

根元までしっかり指を入れたままギュッギュッを繰り返す

ひざからつま先までのラインをまっすぐに！

No 3

アキレス腱をつまみひっぱりながら足指を回す

足首の根元になるアキレス腱をつまんでかかと側にひっぱったまま、足指を手で回します。5～10回程度を目安に。足先が温かくなることを感じるまで繰り返して行って。

アキレス腱

ギュッと押さえたままくるくる回す

No 4

足の甲の骨の間の老廃物をかき出す

指の第二関節で、足の甲の骨の間にたまっている老廃物を指先から足首に向かって押し流します。5～10回程度繰り返して。

しっかり力を込めて

CHAPTER 3　54

55　「脚」からやせる！

1回あたりに行う回数の目安。やればやるほど流れやすく、実感しやすい身体になります。

手を動かす方向を矢印付きで解説しています。

わかりやすいよう寄り写真で解説しています。自分の手元を確認しながら行って。

このエクササイズを行うことで身体がどう変わるのか、ケアする前に先に読んで知っておこう！

エクササイズを行う際に特に意識してほしいpointを解説。

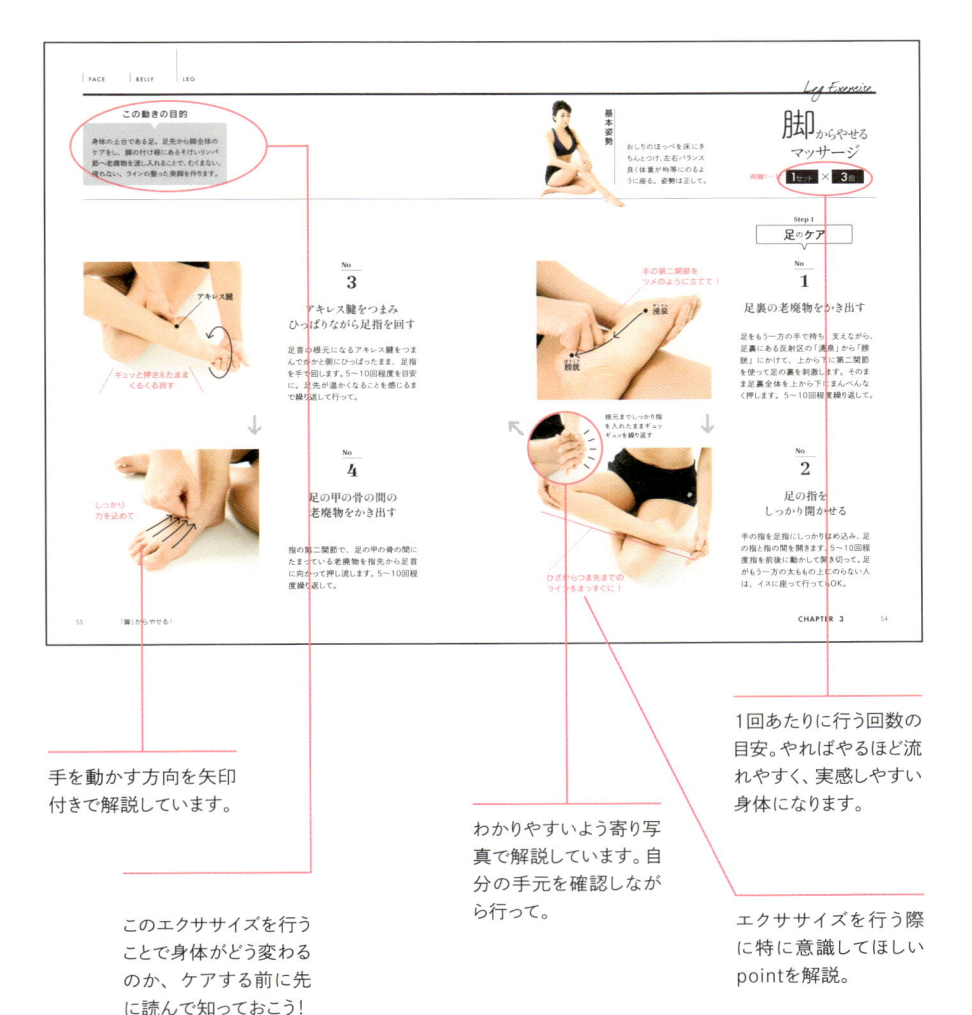

STUDY

久式「脚」からやせる仕組み

この順番でやせていく！

ふくらはぎが薄くなる

↓

膝の上の肉がなくなる

↓

足首が引き締まる

↓

太ももが薄くなる

↓

ウエストがくびれる

↓

腰まわりの肉がなくなる

↓

お尻の贅肉がなくなる

ポイントは「足」のケア！

「脚やせ」というと、ふくらはぎや太ももなど、いわゆる「脚」の部分だけを意識しがちです。でも、実は、しなやかに伸びた美しい脚を手に入れるためには、土台である「足」のケアが欠かせません。

脚はもちろん、全身を支えている足。しかも、心臓からもっとも遠い場所にあるため、老廃物がたまりやすく、滞りがちなパーツです。足の巡りが悪ければ、当然、脚にも、さらには、全身にも、むくみは波及します。つまり、「脚」の鍵は「足」が握っているということ。

足をケアして整えていけば、余分な脂肪のない、美しい脚が手に入るのです。足裏の老廃物をかき出す、足裏の筋肉をゆるめる、かかとをほぐす……などして足をしっかりケアしていきましょう。リンパがスムーズに流れる準備を整えてから、ふくらはぎや太ももなどのマッサージをすれば、たまった老廃物やいらない脂肪がスーッと排出されて、憧れの美脚に近付いていくのです！

ケアすべきはココ!

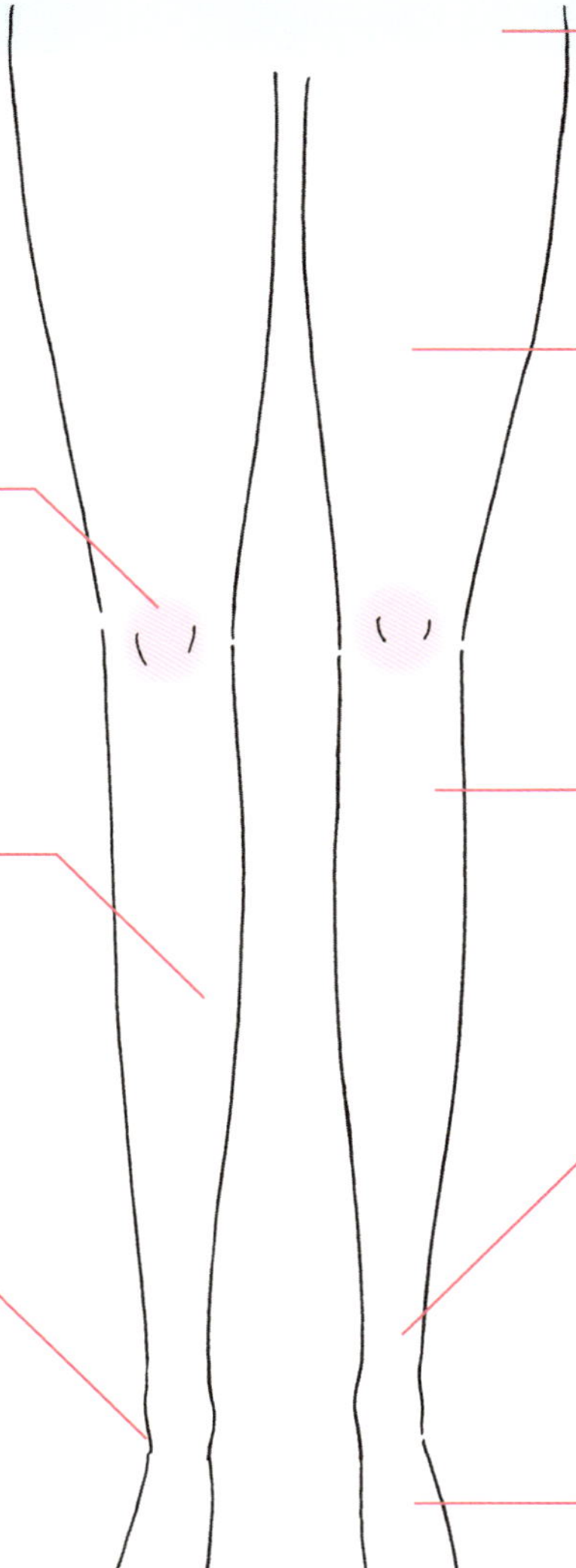

そけい部

そけい部は、足先から脚全体にかけての老廃物を流す、大きなゴミ箱。ここにしっかり流し込むことでむくみ知らずの身体に。

太もも全体

太ももは脂肪が多いため冷えやすく、セルライトができやすいので、内側も外側も裏側も表側も360度しっかり押して柔らかくします。

ひざ

ひざは大きな関節なので、意外にも一番トラブルの多い場所。しっかりケアしないと不調を起こしやすいので要注意。

ふくらはぎ

ふくらはぎは、「第2の心臓」と言われるほど大事な場所。ふくらはぎの筋肉が収縮することで血液とリンパの流れが良くなります。

ふくらはぎの内側

ふくらはぎの内側には、老廃物を流す太い静脈があるので、ケアすることにより、老廃物がしっかり流れ、血液の循環も良くなります。脚のだるさもグッと軽減!

足首

身体の土台である足首は、重力がかかるため骨のまわりに老廃物がたまり固まりやすい部位。しっかり回して関節をゆるめることで流れやすくします。

足裏

重力の影響により、足裏は老廃物がたまりやすい場所。足裏のアーチがない人の多くは、このせい。末端からケアすることにより、衝撃に強い足裏を作って。

足の甲

足は多数の小さな骨で形成されているので、骨の間に老廃物がたまりやすい場所。骨1本1本をしっかりゆるめることで、足の機能性を高めます。最もむくみやすい場所。

足指

現代人は足指が使えていない人がほとんど。本来の足指の機能を取り戻すために、しっかりケアしましょう。

脚からやせるマッサージ

両脚1〜12　1セット × 3回

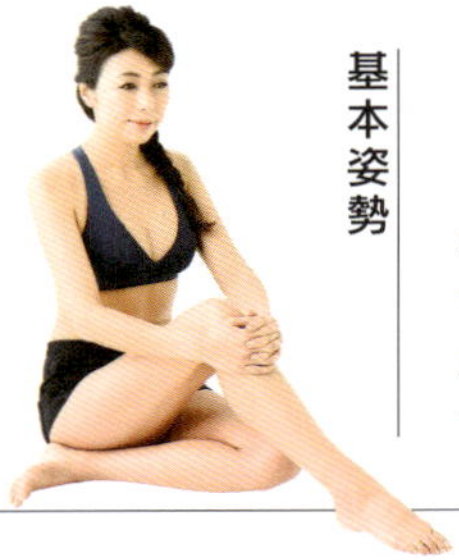

基本姿勢

おしりのほっぺを床にきちんとつけ、左右バランス良く体重が均等にのるように座る。姿勢は正して。

Step 1

足のケア

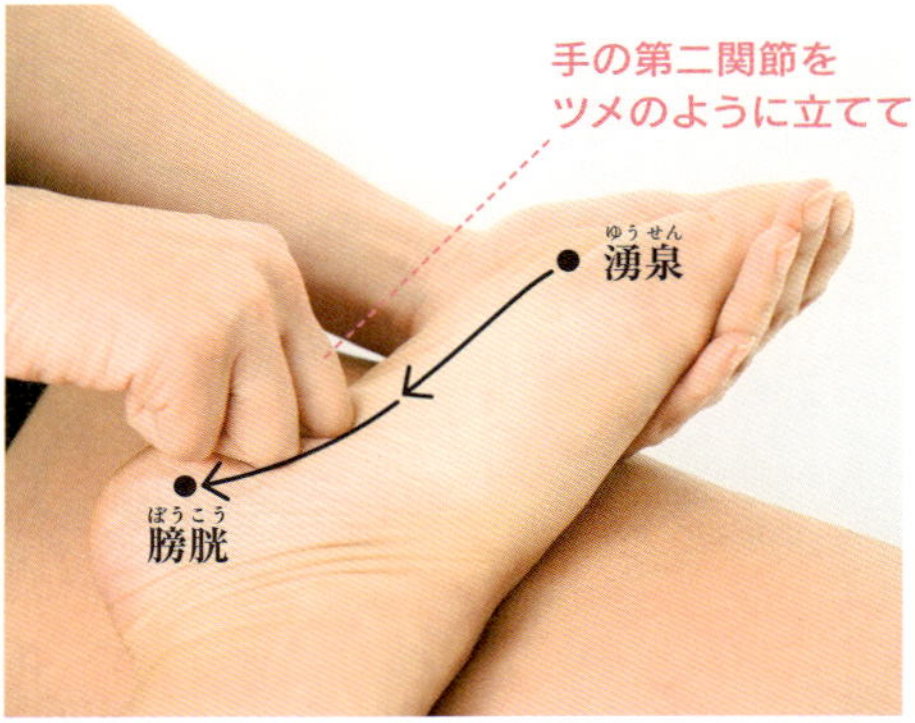
手の第二関節を
ツメのように立てて！
湧泉《ゆうせん》
膀胱《ぼうこう》

No

1

足裏の老廃物をかき出す

足をもう一方の手で持ち、支えながら、足裏にある反射区の「湧泉」から「膀胱」にかけて、上から下に第二関節を使って足の裏を刺激します。そのまま足裏全体を上から下にまんべんなく押します。5〜10回程度繰り返して。

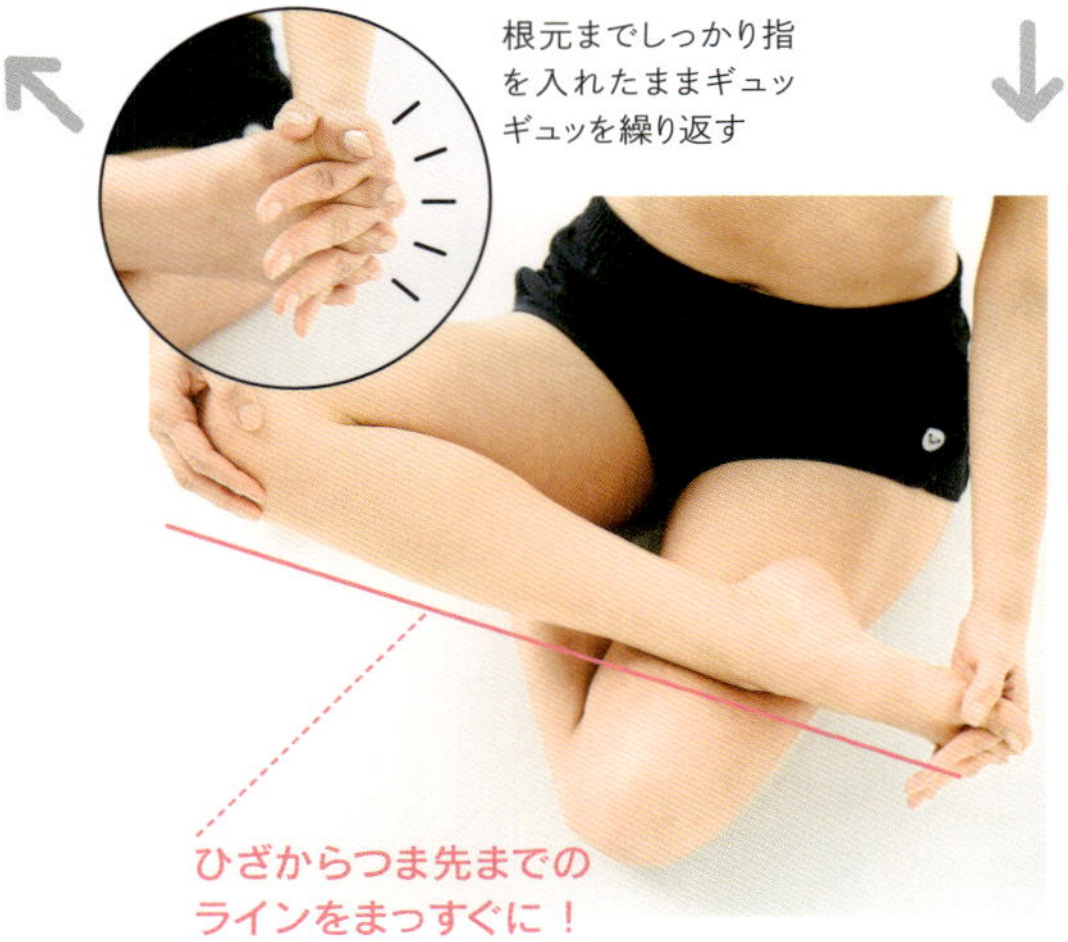
根元までしっかり指を入れたままギュッギュッを繰り返す
ひざからつま先までの
ラインをまっすぐに！

No

2

足の指をしっかり開かせる

手の指を足指にしっかりはめ込み、足の指と指の間を開きます。5〜10回程度指を前後に動かして開き切って。足がもう一方の太ももの上にのらない人は、イスに座って行ってもOK。

この動きの目的

身体の土台である足。足先から脚全体のケアをし、脚の付け根にあるそけいリンパ節へ老廃物を流し入れることで、むくまない、疲れない、ラインの整った美脚を作ります。

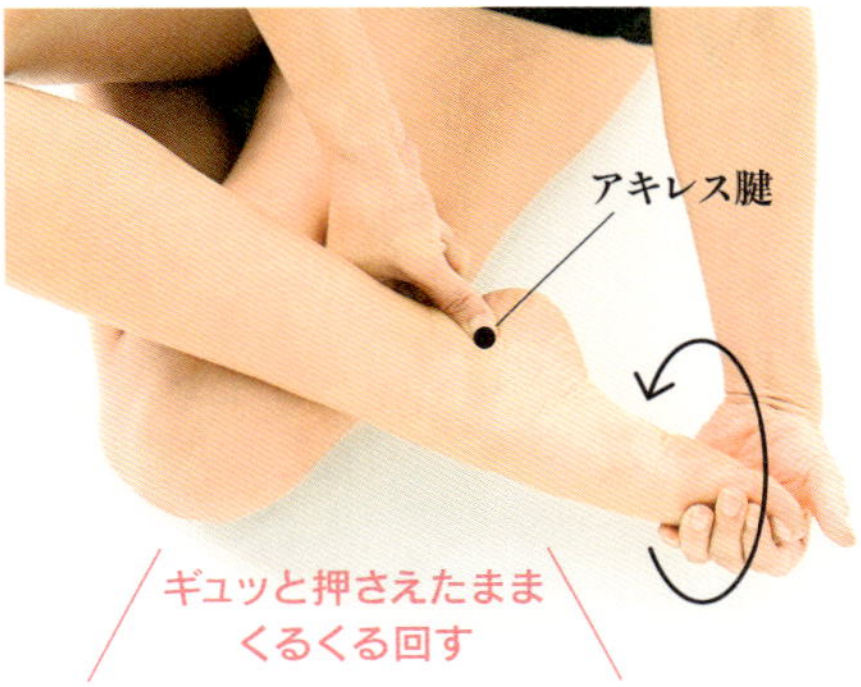
アキレス腱
ギュッと押さえたまま
くるくる回す

No
3

アキレス腱をつまみ ひっぱりながら足指を回す

足首の根元になるアキレス腱をつまんでかかと側にひっぱったまま、足指を手で回します。5〜10回程度を目安に。足先が温かくなることを感じるまで繰り返して行って。

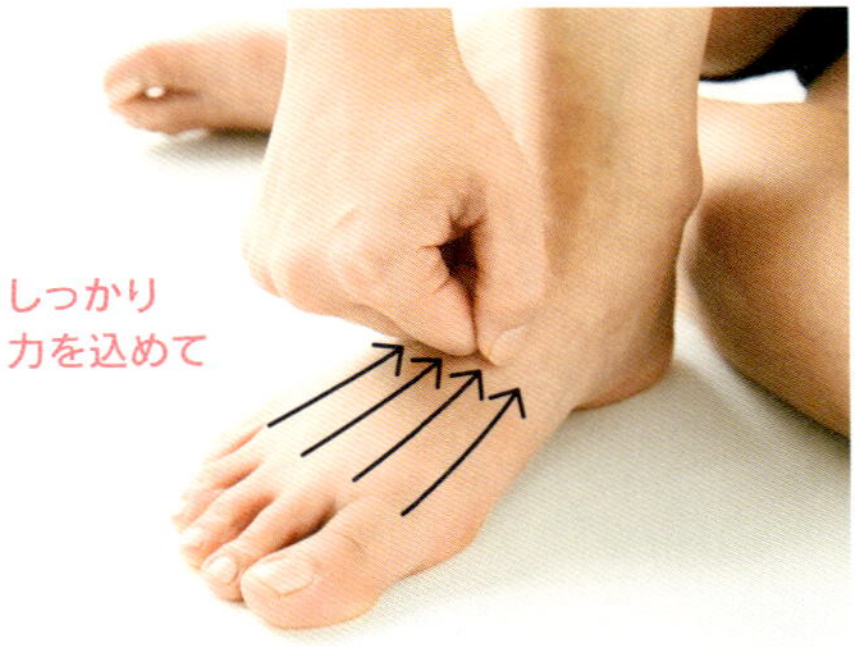
しっかり
力を込めて

No
4

足の甲の骨の間の 老廃物をかき出す

指の第二関節で、足の甲の骨の間にたまっている老廃物を指先から足首に向かって押し流します。5〜10回程度繰り返して。

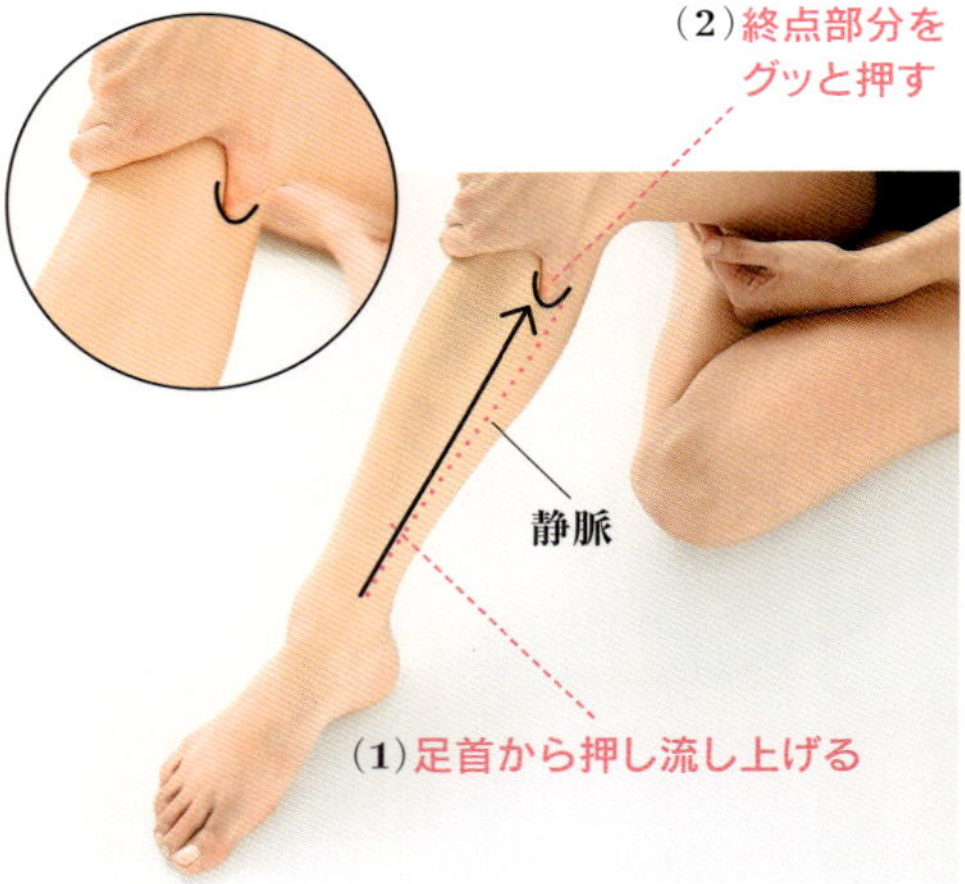
(2)終点部分を
グッと押す
静脈
(1)足首から押し流し上げる

Step 2

ふくらはぎのケア

No

5

脚の内側にある静脈を刺激する

脚の内側の静脈のある骨のキワに沿って、足首からひざのあたりまで、グッと押し流し上げます。手の親指と小指でひざをしっかりはさみながら行って。5〜10回程度繰り返して。

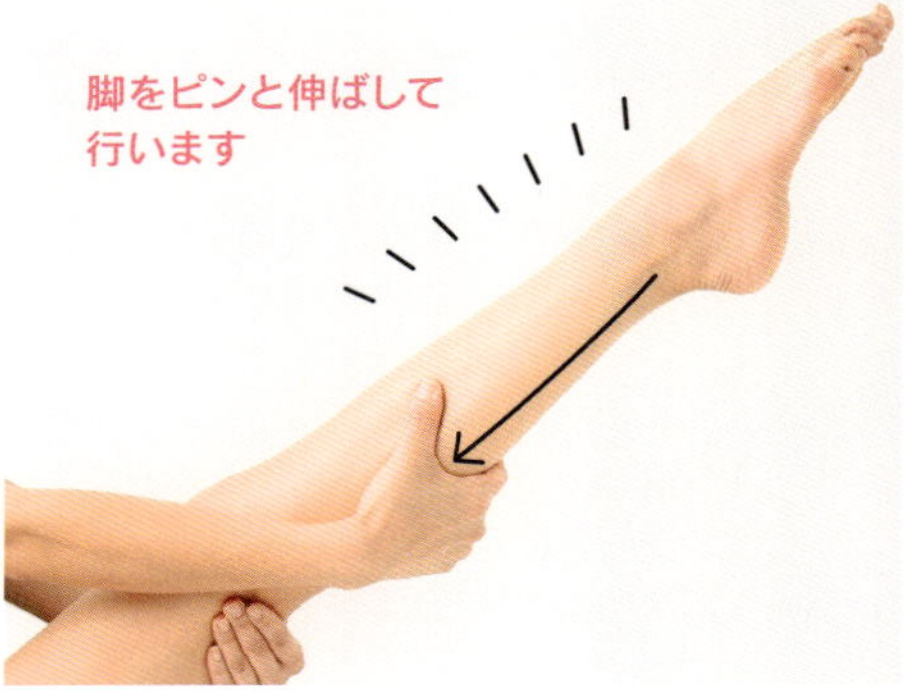
脚をピンと伸ばして
行います

No

6

ふくらはぎにたまった老廃物を押し流す

片脚を持ち上げます。脚の重みを手で感じながら、足首からひざ下まで手の平の腹全体を使って、全体を押し流します。5〜10回程度でOK。

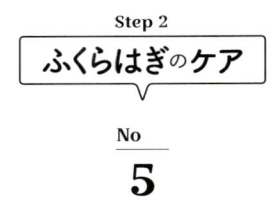

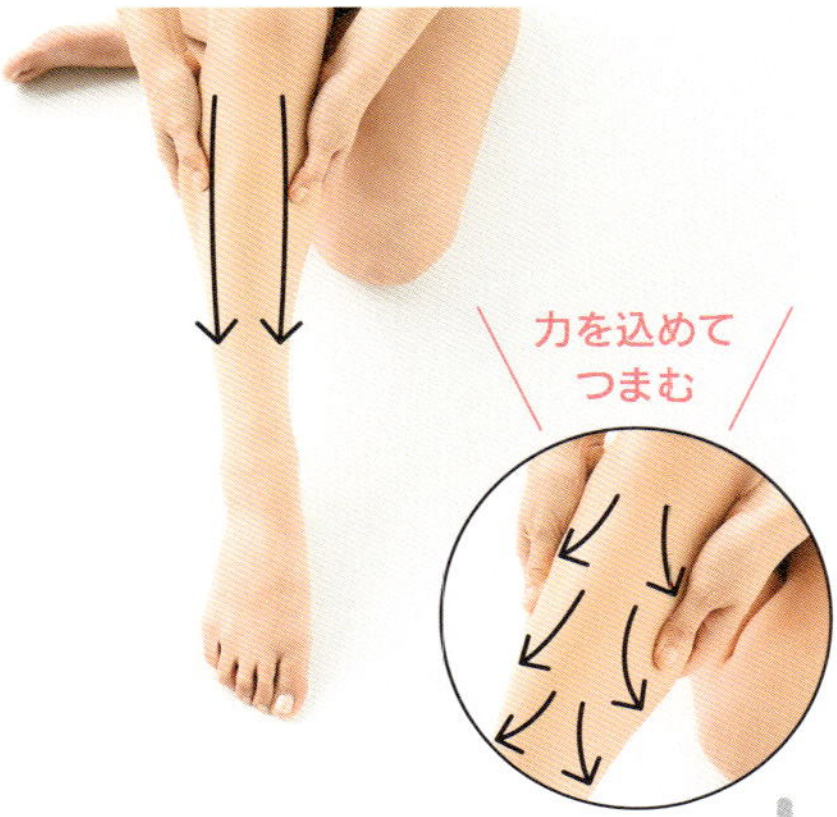
力を込めて
つまむ

No
7
骨のキワの老廃物を流す

スネのキワにある老廃物を、親指の指の腹を使って、ひざから足首に向かってつまみ流します。5〜10回程度繰り返して。

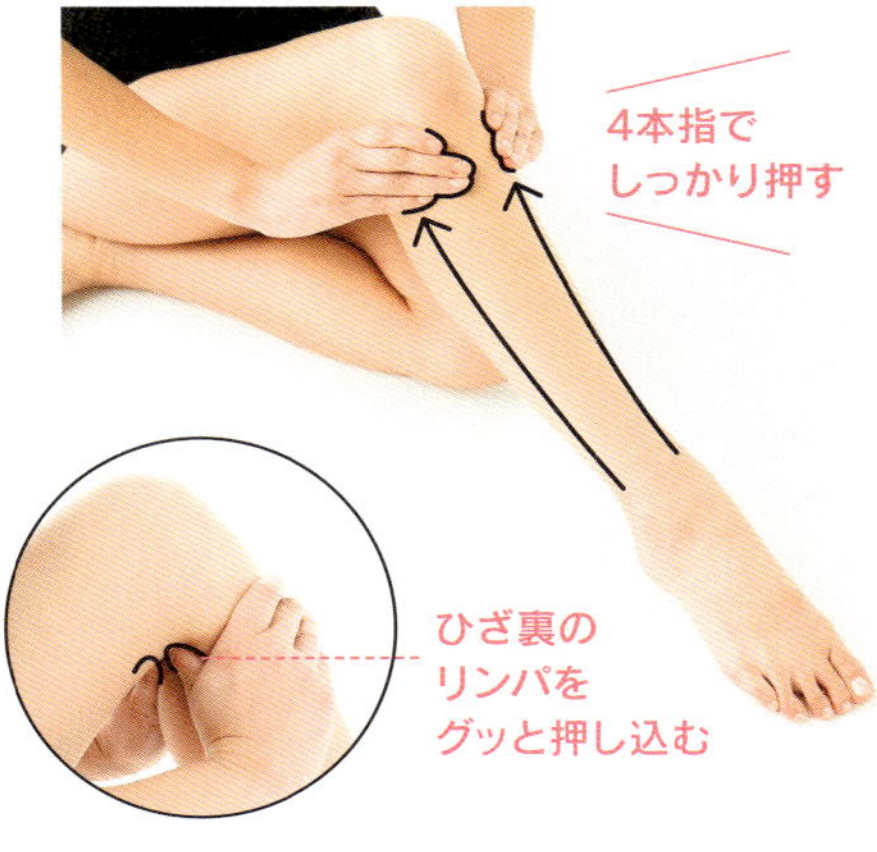
4本指で
しっかり押す
ひざ裏の
リンパを
グッと押し込む

No
8
ふくらはぎを刺激しながらひざ裏のリンパ節に老廃物を流す

親指とそれ以外の指で脚をホールドしたまま、足首からひざ裏に向かって押し上げ流します。終点のひざ裏のリンパをグッと押し込んで。5〜10回程度でOK。

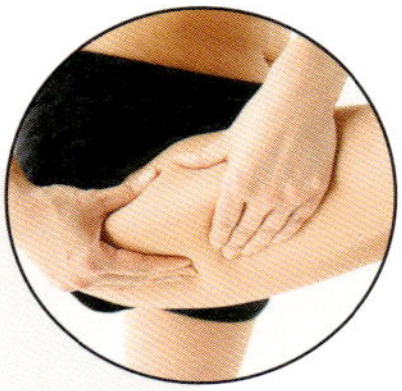

足の付け根から
ひざに向かって行う

Step 3

太ももの ケア

No
9

外太ももの
セルライトを押しつぶす

両手で外太もものセルライトをつまみ流す。足の付け根側からひざに向かって行って。ちょっと痛いくらいの強さでOK。3～5回程度繰り返して。

No
10

内太ももの
セルライトを押しつぶす

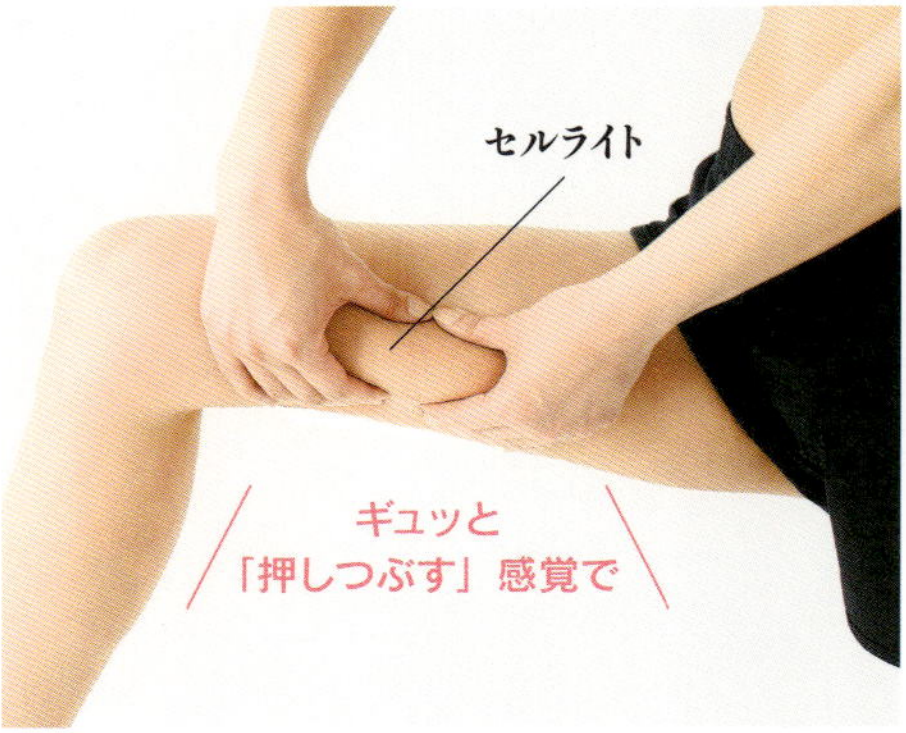
セルライト
ギュッと
「押しつぶす」感覚で

9の動きを内太ももにも行う。

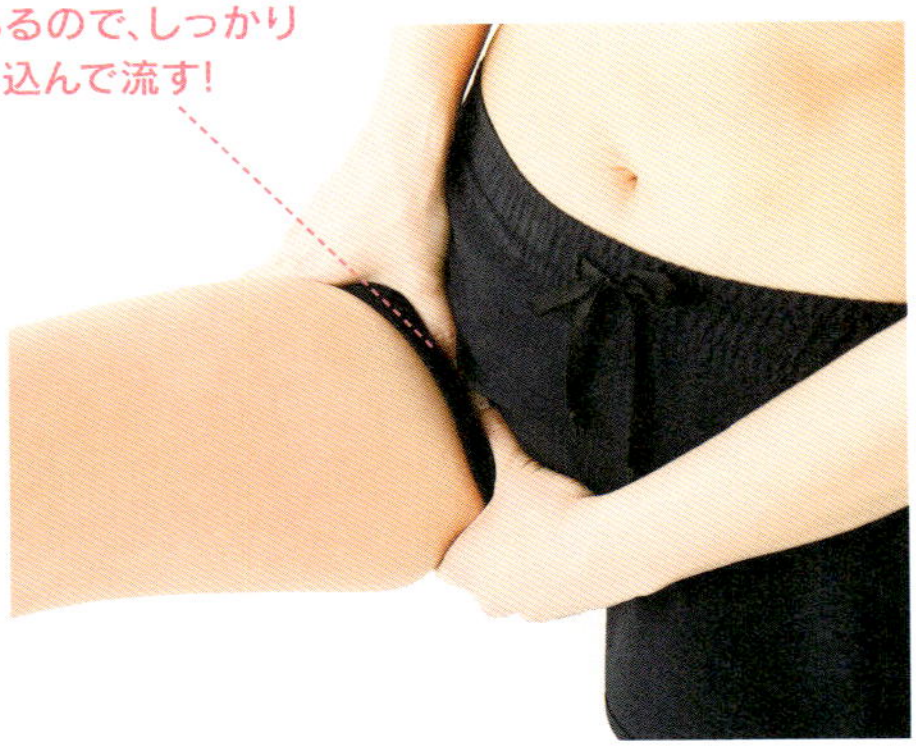
そけい部は大きなリンパ節
があるので、しっかり
押し込んで流す!

No
11

脚の付け根にある
そけい部をギュッと押す

そけい部を両手の親指でギュッと押し込む。力を入れてリンパを開くイメージで。5〜10秒程度、圧迫するように力を入れて。

ベルトコンベアのような
イメージで。

No
12

太ももの老廃物を
そけい部に向かって流す

両手を交差させ、入れ替えながら外太ももを手の平を密着させながら流す。脚が軽くなるまで、5〜10回程度繰り返して。片脚が終わったら、もう一方の脚も同様の流れで行います。

身体が硬くても やせられます！

「身体が硬いとやせにくい」というようなことを、よく耳にします。でも、果たして、本当にそう？自慢ではありませんが、私自身、身体は決して柔らかいほうではありません。はっきり言って硬い！開脚前屈など言うに及ばず、立ったままの前屈も、全て床に手が付かない状態……（笑）。

でも、そんな私でもやせられたのです！身体が硬い人もあきらめる必要はありません。そもそも、身体が硬い、やわらかい、は何を基準にしてそう言うのかよくわかりませんが、「やせるのに大事なのは、身体が柔らかい、というよりも、関節や身体の肉がやわらかいこと」だと私は断言できます。実際、私のメソッドには関節を柔らかくする方法がちりばめられています。

関節が柔らかくなれば、身体の可動域が広がって動きもスムーズ。巡りが良くなって代謝が上がり、老廃物も排出されてすっきり。やせるだけでなく、健康な身体を手に入れることができるのです。

CHAPTER 4

「おなか」からやせる！

久式リンパマッサージなら、
気になるおなかからでもやせられます。
くびれのないウエスト、
ぽっこり下腹部、
ぷよぷよ肉のついた腰まわり……。
そんなお悩みとも、ついにサヨナラ！

STUDY

久式「おなか」からやせる仕組み

この順番で
やせていく！

アンダーバストが
細くなる

↓

くびれが出てくる

↓

腰まわりが
細くなる

↓

下腹部のぽっこりが
なくなる

「おなかやせ」は意外に簡単!!

マッサージの目的は、血液やリンパの流れを促し、皮膚や筋肉の温度を上げ、さらに体内の毒素や老廃物などを排出しやすくすることです。その結果として「やせる」わけですが、このセオリーからすると、「おなかやせ」は意外に簡単！

なぜならおなかには、太い血管が流れています。ちなみに、おなかが硬くて冷たい人は、この血管の硬さが原因です。さらに、おなかには、腹部リンパ節があり、そこから枝分かれした小さなリンパ管も張り巡らされています。下腹部に近いところにはそけいリンパ節という主要なリンパ節もあります。

おなかまわりには太い血管とメインのリンパ節がふたつもあります。つまり、もともとおなかは老廃物などが流れやすい環境にあるというわけなのです。マッサージの際は、太い血管と腹部リンパ節、そけいリンパ節をしっかり意識して行うことが大切です。

ケアすべきはココ！

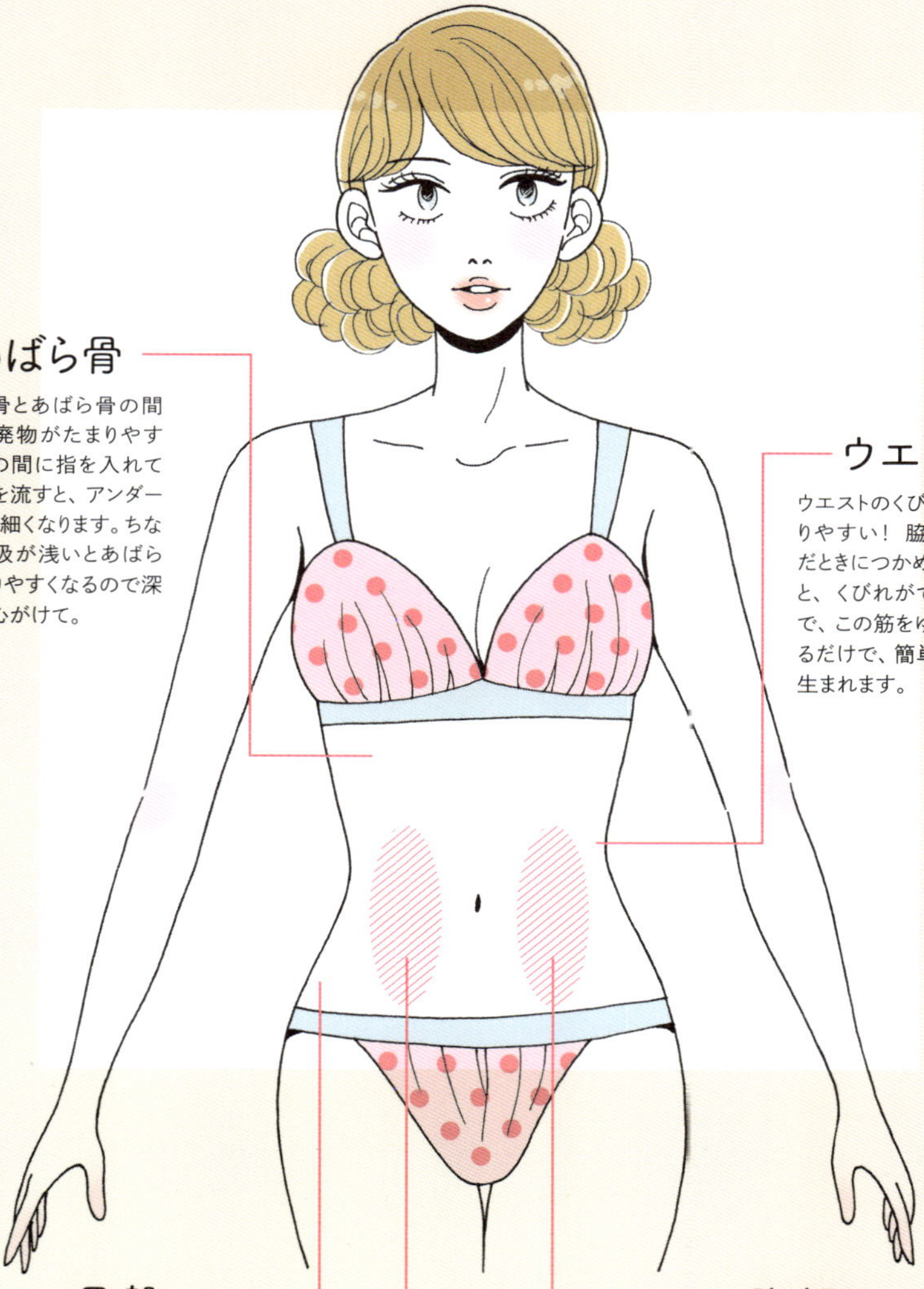

あばら骨

あばら骨とあばら骨の間には老廃物がたまりやすい！ 骨の間に指を入れて老廃物を流すと、アンダーバストが細くなります。ちなみに呼吸が浅いとあばらは広がりやすくなるので深呼吸を心がけて。

ウエスト

ウエストのくびれは案外作りやすい！ 脇腹をつまんだときにつかめる筋が硬いと、くびれができづらいので、この筋をゆるめてあげるだけで、簡単にくびれが生まれます。

骨盤

骨盤はとても歪みやすい場所。反ったり、左右に開いたり、前後・上下にずれたりするので常に正しい位置に戻すことが大事です。骨盤をしっかり動かすことで、歪みが軽減し、子宮にも血液が行き届くようになります。

腹部リンパ節

リンパ節があることを知らない人が多いおなか。おなかは冷えやすいですが、太い血管もあるので、しっかりケアすることで、やせるだけでなく内臓の働きもアップ。

おなかからやせるマッサージ

1セット × 3回

No
1

モンローウォークで骨盤をゆるめる

腰を上に
ひき上げるように
その場で足踏み

腰を真上に引き上げるように、腰骨だけを動かして、その場で足踏みします。左右それぞれ5回ずつを目安に。

No
2

ウエスト横の筋を両手で交互につまむ

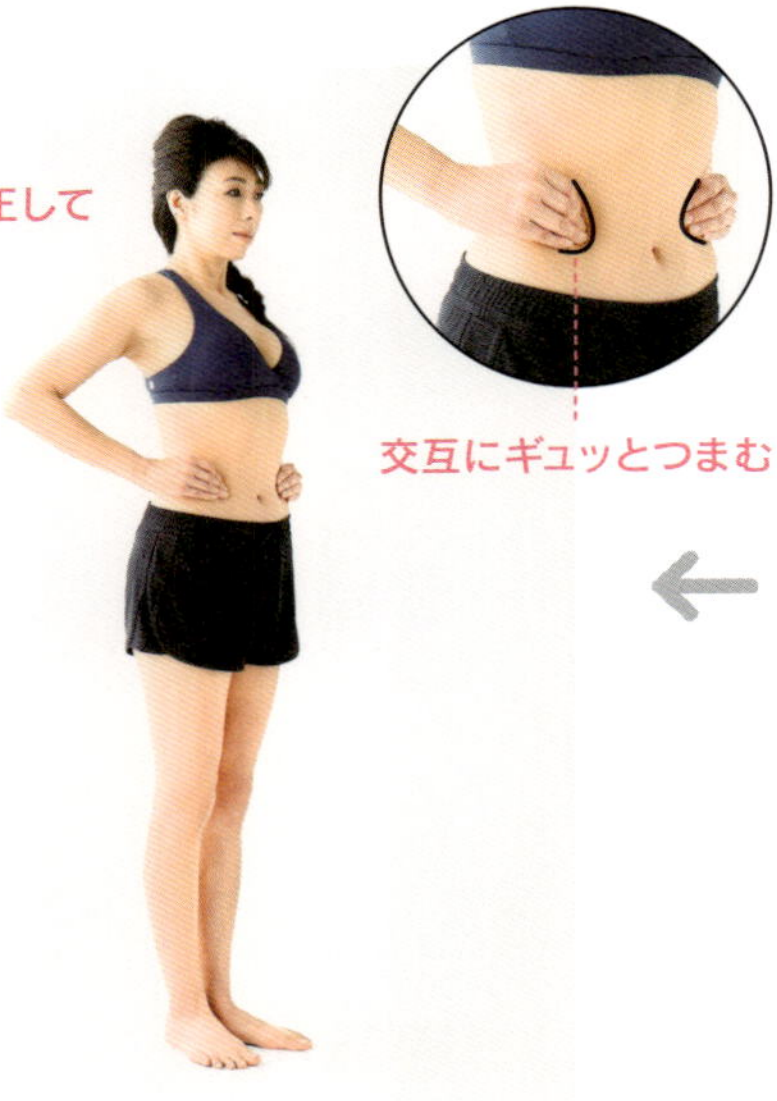
姿勢を
しっかり正して
交互にギュッとつまむ

ウエストの横にある硬い筋を見つけましょう。両手で交互につまみます。左右それぞれ10回ずつを目安に。筋のコリコリ感をしっかり感じて。

この動きの目的

骨盤をゆるめて、ウエストを作るための脇の筋を刺激。そうすることで、おなかまわりにたまっている老廃物、脂肪を柔らかくして、リンパ節に流し込み、脂肪を移動させてくびれのあるウエストをボディメイクします。

No

3

腹部リンパ節を押しながら、身体を前に倒す

姿勢を崩さず、
身体を90度に
倒すイメージで

腹部リンパ節（p.63参照）に手を置き、そのまま、身体を倒します。90度に倒すことでより深い場所に指が入るはず。

No

4

おなか全体の脂肪を柔らかくして、つまみつぶす

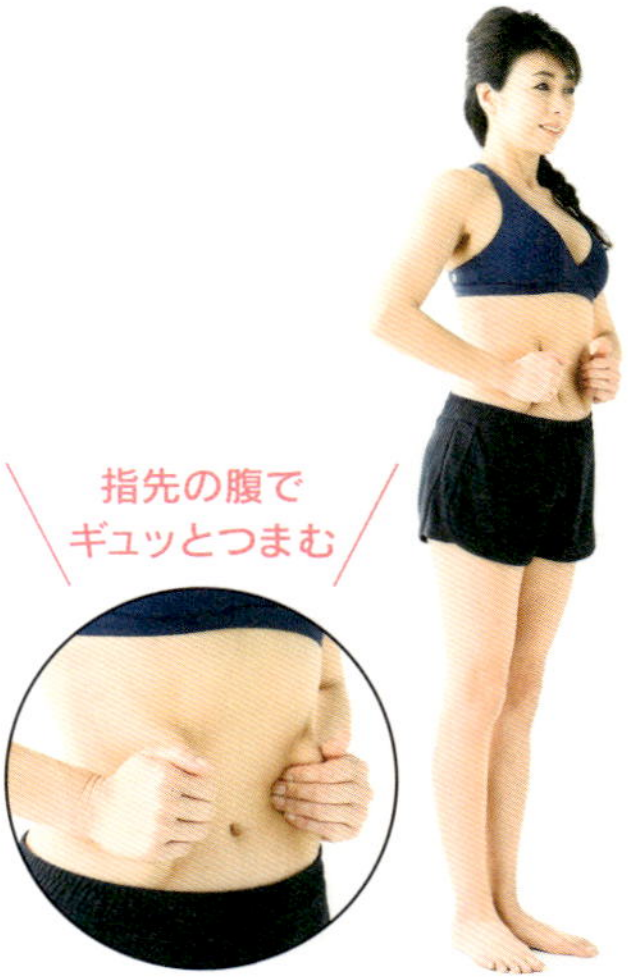
指先の腹で
ギュッとつまむ

おなか全体の脂肪を柔らかくほぐします。手の平と指を使って、硬い脂肪をしっかり引っ張り、つまみつぶして。おなかの肉が温かく柔らかくなるまで続けて。

No

5

脇腹の脂肪を揉み出す

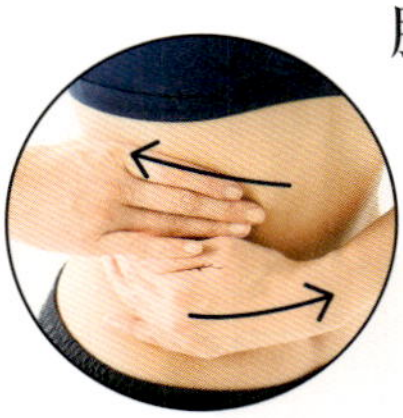

手を背中側まで十分に伸ばし、背中側の脂肪をしっかり前に連れてきて。

脇腹の脂肪を、両手をスライドさせながら揉み出します。左右それぞれ10往復程度繰り返して。

No

6

背中にたまった贅肉をすっきりさせる

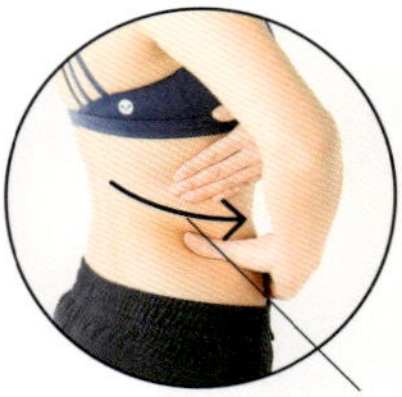

あばら骨

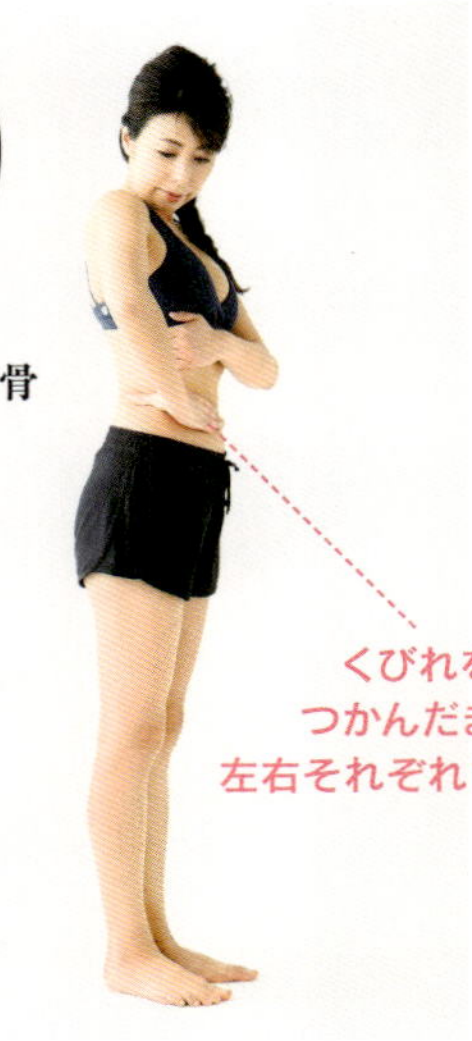

くびれを
つかんだまま
左右それぞれ10往復!

ウエストの一番くびれたところをつまみながら、もう一方の手で、肩甲骨の一番下からあばら骨を通り、腹部リンパ節に向かって贅肉を集め流します。

No
7

ウエストのくびれを形状記憶させる

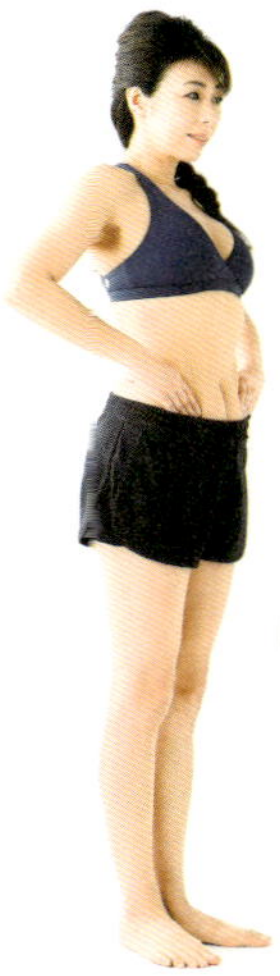

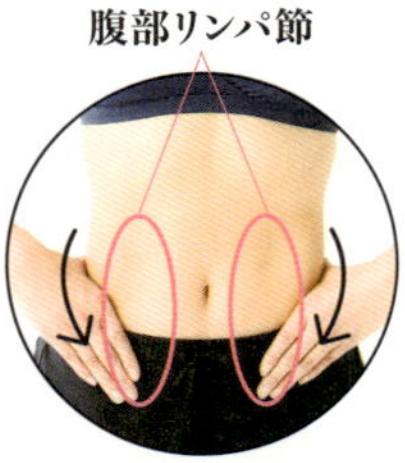

腰まわりの老廃物を親指でリンパ節に向かって流します。

親指をウエストにひっかけ、それ以外の4本の指で腹部リンパ節を刺激。腹部リンパ節を押したまま親指でウエストラインをつまみ流します。10回程度繰り返して。

No
8

そけいリンパ節に老廃物をすべて流し入れる

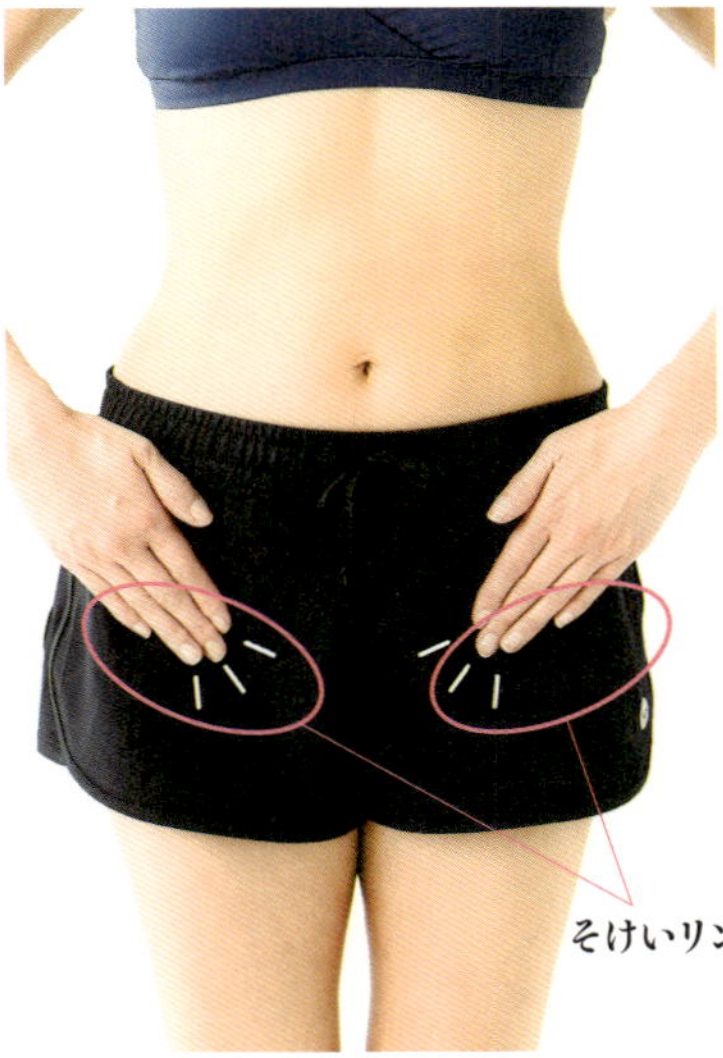

そけいリンパ節を開くように押し、1～7で集めてきた老廃物をそけいリンパ節に流し入れます。

Column 4

私の愛用品たち

自宅でも職場でも車の中でも、飛行機の中でも……。
私が出張のときでも持ち歩いている、本当に結果を
出してくれる優秀なアイテムたちをご紹介します。

AromaPro Organics × 美Conscious シェイピングオイル

体内の毒素を排出、血流を促して代謝しやすい身体へと導く5種類のエッセンシャルオイルをブレンド。エコサートオーガニック認証を取得した安心品質。

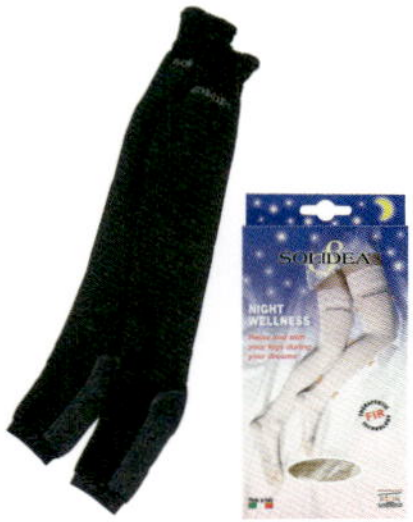

ソリデア メディック ナイトウェルネス

着圧ソックス反対派だった私が愛用する、寝ながらむくみケアができるナイトソックス。人間工学に基づき、寝ている間も身体に負担をかけない着圧ソックスです。

IMPHY Foot Roller

凸凹形状がハリやねじれのある筋膜をゆるめ、血行を促進。自重により圧迫しながら、前後に転がすだけでOK。タイヤ部分に足裏をのせて前後に転がすのもオススメ!

ごるっち

何かと便利なゴルフボール! 手の平サイズなので、首、腕、太もも、ふくらはぎなどいろいろなパーツに使用できます。デスクワーク中に足裏をゴロゴリ刺激して!

Dr.Air 3Dマッサージロール

3分間で10.000回の振動。アシストカバーがあるので手が届きにくい部分にもジャストフィットします。強さは3段階。首や肩甲骨、腰など強さを変えて使用できます。

Refa

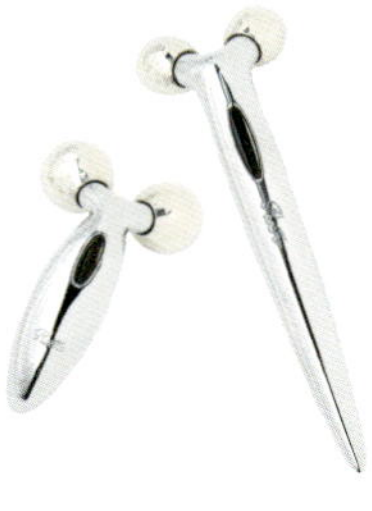

リファは無駄な贅肉をしっかりとつまみ上げてくれる優れもの。特にセルライトをつぶすのに使用しています。ただし必ずリンパの流れに沿って行うことが鉄則。

CHAPTER 5

「顔」からやせる！

表情筋をゆるめ、老廃物を流すことで
目指すは、まるで別人!? のような小顔。
久式なら、フェイスラインがシャープで、
立体的で、色ツヤもよく、
パッと華やかな印象の
小顔を作ることができます。

STUDY

久式

「顔」からやせる仕組み

この順番で
やせていく！

二重あごが
解消する

⇩

目のまわりの
むくみが取れる

⇩

顔全体のむくみが
取れて目鼻立ちが
はっきりする

⇩

フェイスラインが
すっきりする

⇩

シミが薄くなる

「押して」「流す」が
小顔になる基本

こわばった表情筋をゆるめ、リンパや血管、骨のまわりにたまった老廃物を流せば、むくみが取れて、フェイスラインはすっきりシャープに。顔の大きさは、ひとまわりもふたまわりも小さくなってきます。そればかりか、肌がキレイになって、シミが薄くなることも。肌がキレイになればメイクのノリが良くなり、化粧直しが必要なくなる……と、いいことずくめ。

こんな嬉しい久式リンパマッサージ。基本は、こすったりせず、「押す」。顔の奥に垂直に指を入れるつもりで押しましょう。また、骨のまわりには老廃物がたまっていますから、それをかき出すイメージで押すことも大事です。

そしてもうひとつ、押してかき出したり、集めたりした老廃物は、「流す」ことが必要不可欠。フェイスラインに沿って耳下腺リンパ節へ、首から鎖骨リンパ節へ――と、しっかり流し切ることも忘れずに！

＼ケアすべきはココ！／

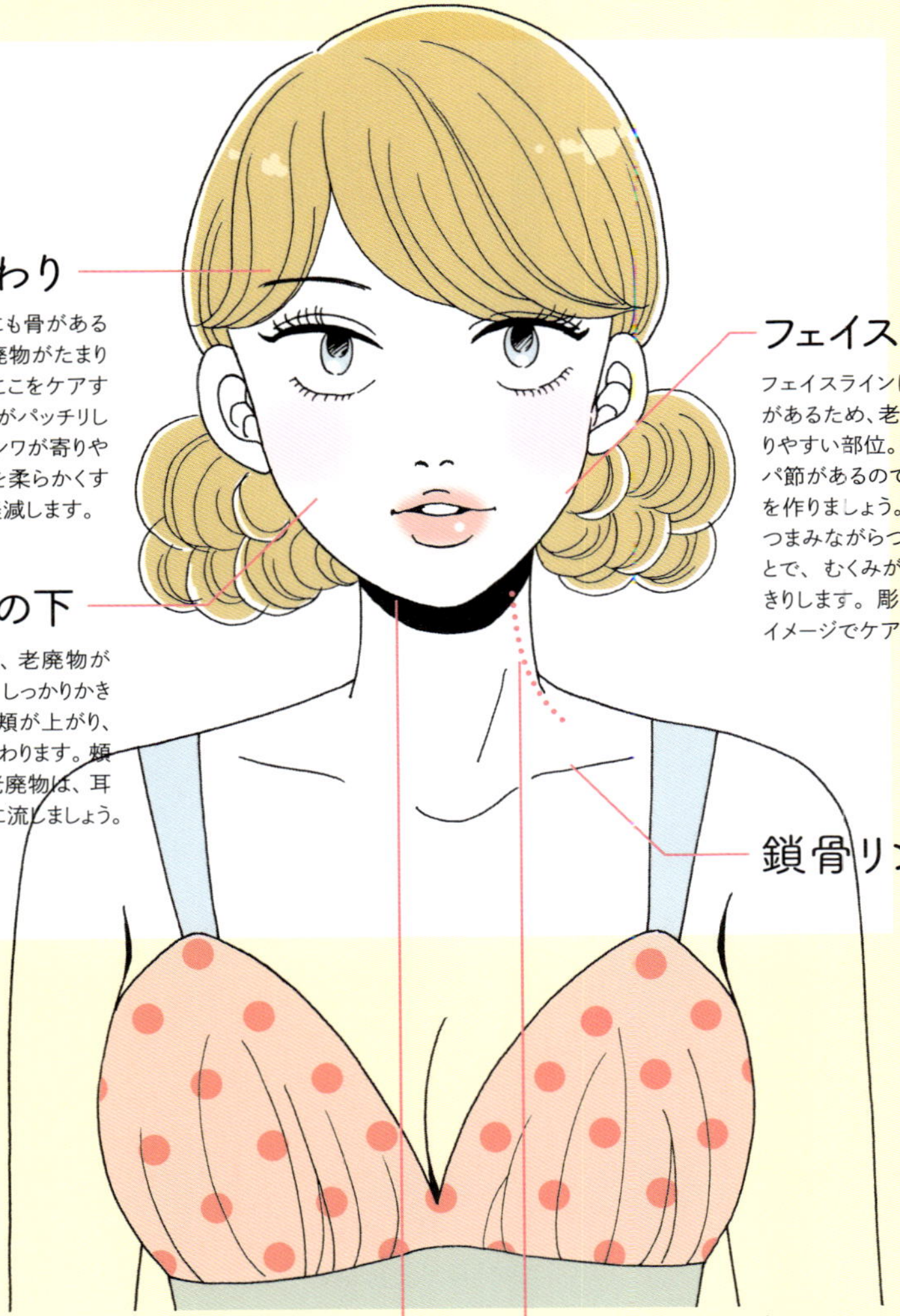

眉まわり

眉毛のまわりにも骨があるので、実は老廃物がたまりやすい場所。ここをケアすることでまず目がパッチリします。眉間にシワが寄りやすい人はココを柔らかくすると、シワが軽減します。

フェイスライン

フェイスラインはあごの骨があるため、老廃物がたまりやすい部位。ここにもリンパ節があるので、流れる道を作りましょう。しっかりとつまみながらつぶし流すことで、むくみが取れてすっきりします。彫刻刀で削るイメージでケアするのが○。

頬骨の下

頬骨の下には、老廃物が隠れています。しっかりかき出すことにより頬が上がり、顔の印象が変わります。頬骨のまわりの老廃物は、耳下腺リンパ節に流しましょう。

鎖骨リンパ節

耳下腺《じかせん》リンパ節

位置的には、横を向いたときに、耳の下から鎖骨までをつないだあたり。顔全体の老廃物はすべてここを通って排出される重要な場所です。顔だけをケアしても流さないと意味がないので、このリンパの通り道を作るのが小顔への近道です。

あご

あごにもリンパ節があります。ここが詰まると二重あごの原因になり、首が太くなり、横顔がぼやけます。暇さえあれば押してほしいパーツです。

顔からやせるマッサージ

左右1～8 **1セット** × **3回**

あごの下全体を
まんべんなく交互に押す

No
1

あごのリンパ節を親指の腹で開くように押す

両手の親指の腹をあごの下に密着させながら交互に押します。両親指それぞれ10回程度が目安。上を向きすぎると指が奥まで入らなくなるので注意。

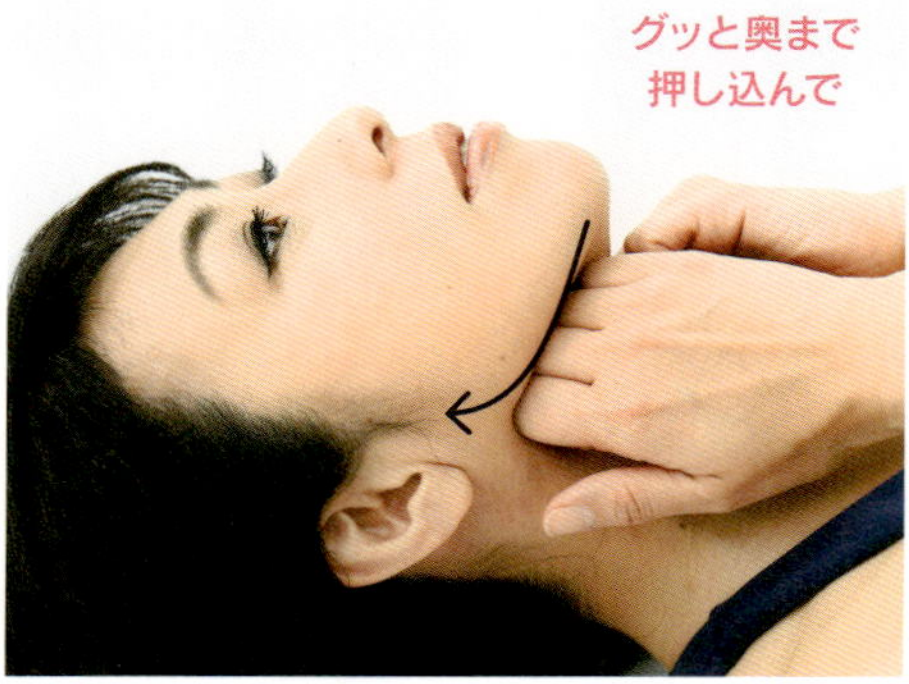
グッと奥まで
押し込んで

No
2

フェイスラインの骨に沿って、肉をほぐす

両手の第二関節を使って、フェイスラインの骨に沿って、あごの先端から耳までを交互に押し動かします。1回1回を奥までしっかり押し込みます。あごの下の肉が柔らかく感じるまで続けて。

この動きの目的

「久式リンパマッサージ」では、寝転がって顔やせのマッサージを行います。座って行うより、効果が倍増します。なぜなら、寝転がることで、重力により顔の骨が浮き上がり、ケアしやすくなるからです。ケアの際にはオイルを使うのがオススメ。リンパを刺激し、老廃物を流し、表情筋をゆるめます。

＼フェイスラインが一気に
シャープに！／

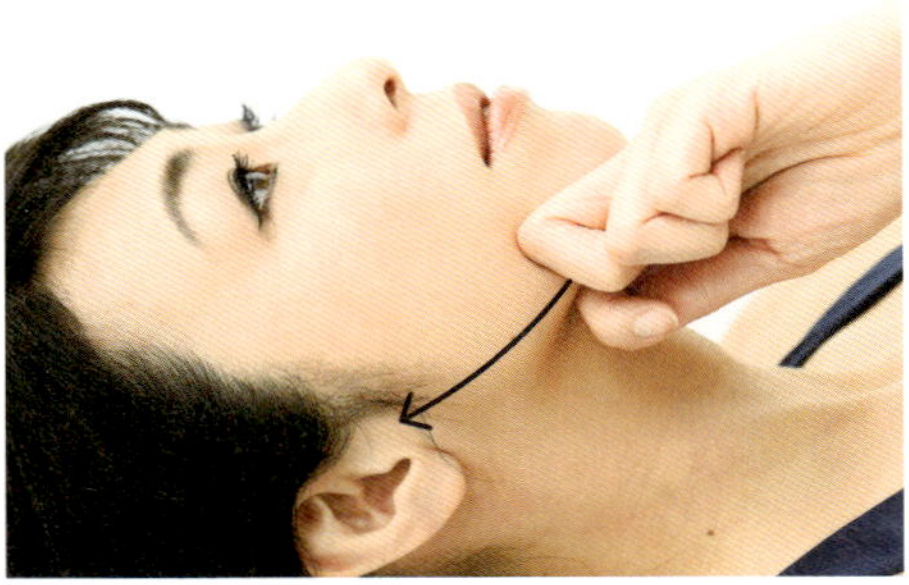

No
3

フェイスラインの肉を よりくっきりさせる

カギにしたひと指し指と中指でフェイスラインの骨をはさみながらあごの先端から耳まで押し流します。5～10回程度繰り返して。

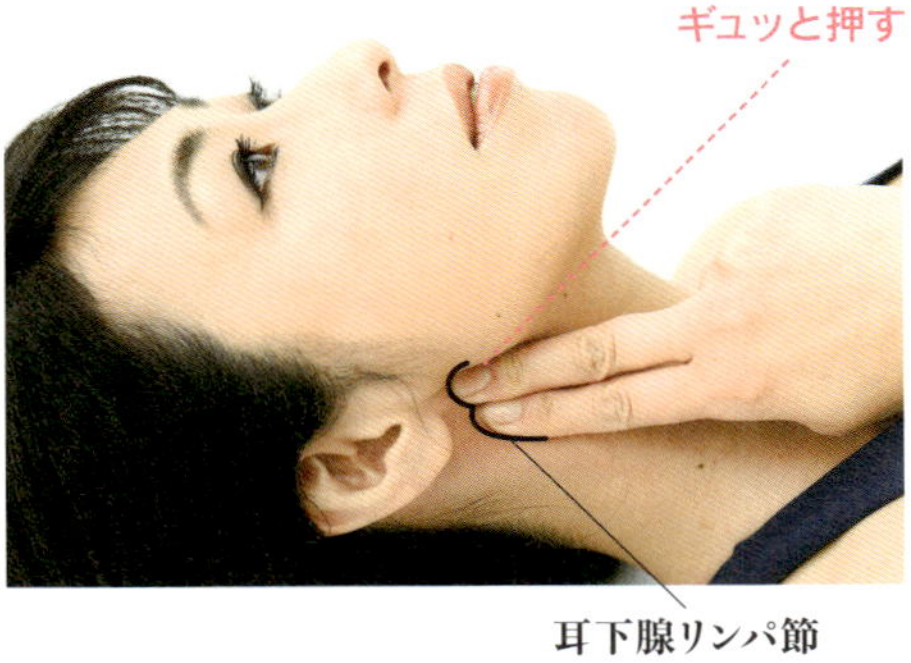

No
4

耳下腺リンパ節を 開く

1～3で集めた老廃物が流れやすくなるように人差し指と中指の腹を使い、耳下腺リンパ節を開くように押します。

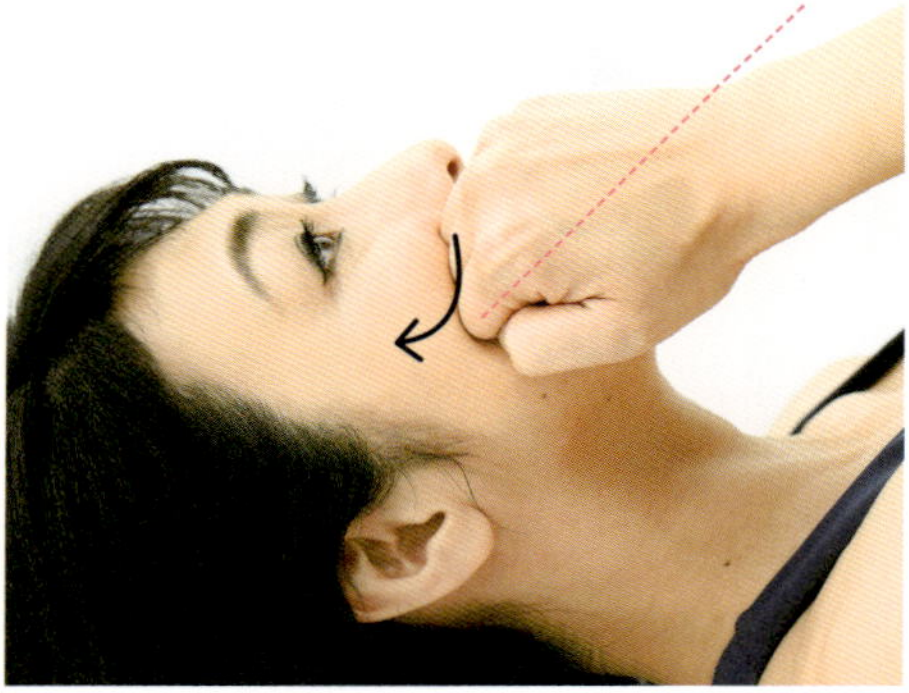
頬骨に沿って
指をずらすのがコツ

No
5

頬骨に沿って、頬骨に隠れている老廃物をかき出す

第二関節を使い、頬骨に沿って、3回ほど指をずらしながら180度くらい動かします。5～10回程度を目安に。

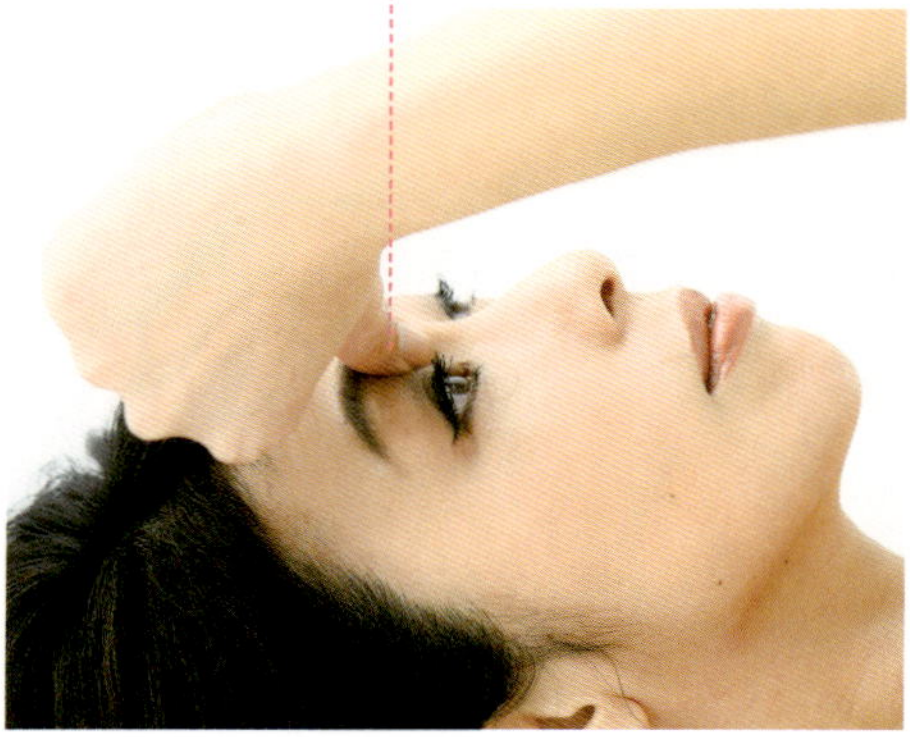
親指の腹全体を使って
垂直に押し上げて

No
6

眉まわりにたまった老廃物をかき出す

眉頭から眉尻まで、骨のフチに親指をひっかけるようにしてスライドさせながら押します。目の疲れや頭痛の改善にも効果があります。

3本の指の腹を
しっかり密着させながら
動かすのがコツ

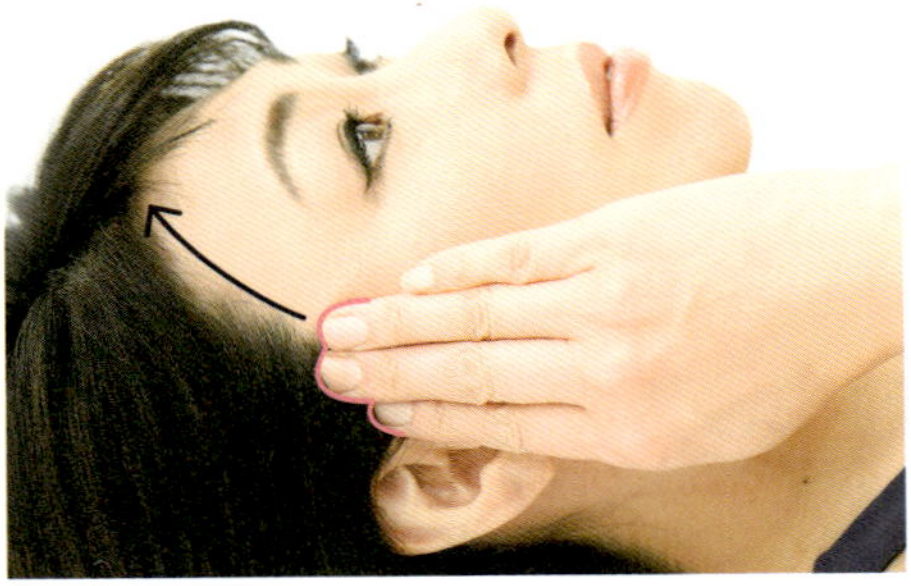

No
7

生え際全体を3本の指で押し上げる

たるみ防止に効く！ 耳からおでこまで、生え際全体を、頭皮を動かすように押し動かします。5～10回程度繰り返して。頭皮は普段動かさないので意識的に動かすと◎。

グッと開いて
流し込む

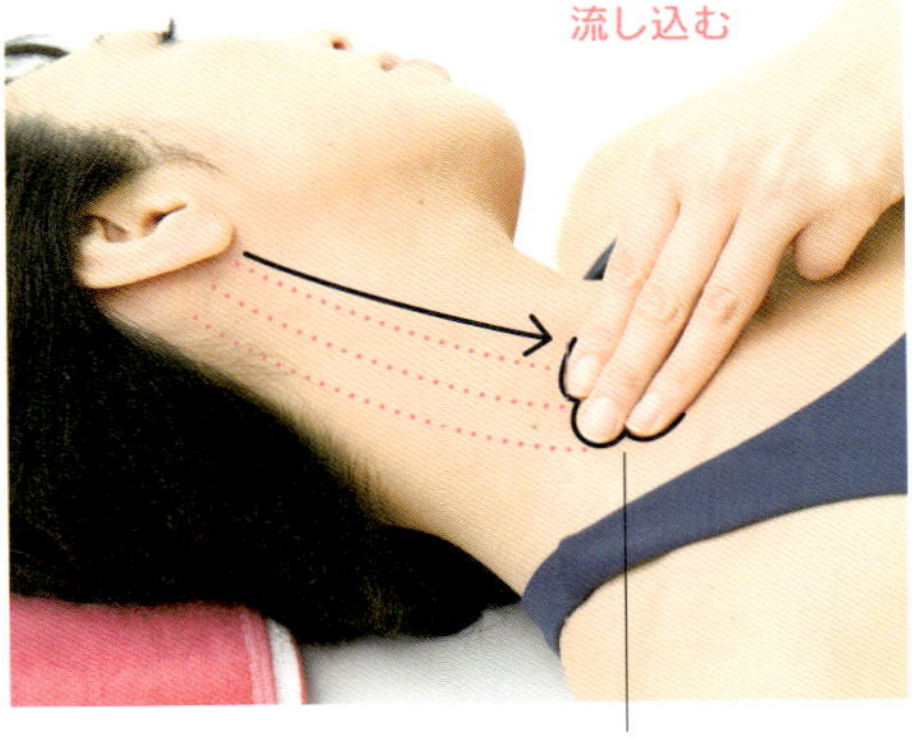

鎖骨リンパ節

No
8

1～7で集め切った老廃物を鎖骨に流し入れる

耳の下から鎖骨にかけて、3本の指の腹をしっかり密着させながら耳下腺リンパ節を刺激して、老廃物を流します。最終点の鎖骨でグッと押し込んで、老廃物を流し切って。

「身体やせ」と「顔やせ」は別物、という事実

身体がやせれば顔も自然とやせるはず？ いえ、必ずしもそうとは言えないのが現実で……。

実は私自身がそうでした。身体はやせても、顔はパンパンのまま。「顔の輪郭は生まれつきのものだから仕方ない」と思っていたのですが、実はそれはむくみが原因だったのです。その証拠に、顔のリンパマッサージを始めたところ、みるみる小顔になっていくではありませんか！ 最終的には、ふたまわりくらい小さくなりました。

「身体やせ」と「顔やせ」は全く別物、と考えておくのが正解です。身体の巡りが良くなって老廃物などが排出され、結果的にむくみが取れてやせたとしても、残念ながら、その効果は顔にまでは及びません。

顔やせを望むなら、身体のケアとは別に、顔のケアもちゃんと行いましょう。顔のマッサージをしたら、老廃物をちゃんと耳下腺や鎖骨といったリンパ節に流すことも忘れずに。「あ・い・う・え・お」とはっきり発音し、口のまわりの筋肉を動かすトレーニングを加えると、さらに効果的！

CHAPTER 6

「巡る身体」を手に入れるための やせモードマインドの作り方10

「巡る身体」を作るためには、
マッサージは必要不可欠ですが、
もうひとつ、絶対に欠かせないのが
〝やせモードマインド〟を手に入れること。
今日からあなたもマインドを切り替え、
やせやすい身体を手に入れて！

MAKE *your* MIND **1**

決してストイックにはならない。キーワードは……「いい加減」

スリムボディをキープしている人はさぞかしストイックな生活を送っているのだろう、と思いきや、実はさにあらず。私自身もそうなのですが、食事にしても、生活習慣にしても、「こうあるべき」とか「絶対に○○しない」「絶対に○○する」などと厳しいルールを自分に課すようなことはひとつもありません。

ガマンにガマンを重ねると、いつか反動がやってきます。ですから、ジャンクフードだってスナック菓子だって、揚げ物だって、食べたければ食べる。ただ、量をセーブするとか、食べる時間に気を付けるとか、ちょっとだけ意識する。大事なのはさじ加減。ダイエットは一生続けられる方法でなければ意味がありません。その意味では、この「いい加減」がちょうどいいのです。

MAKE *your* MIND **2**

自分を認めて、コンプレックスとうまく付き合う

　胸が大きいからイヤ、骨太の自分が嫌い……。ダイエットをする人の中には、自分の欠点ばかりを口にし、その部分を隠すことだけを考えている人が多いように思います。自己肯定感が低いというのでしょうか……。例えば、本人にとっては胸が大きいことがコンプレックスかもしれませんが、その胸の形を整えて、キレイに見せる工夫をしていけば、豊満な胸が長所になる。欠点を隠すのではなく、長所を引き出して見せ方を変える。こうやって、コンプレックスと上手に付き合いたいものです。今の自分、ありのままの自分を認めてあげて、そこから、さらに「自分はどうなりたいか」を考える。そのほうが、ダイエットは、絶対にすんなりとスタートできるはずです。

MAKE your MIND 3

自分への甘さ、弱さから脱却しよう

ダイエットは厳しいルールで自分をガチガチに縛り付けることではないけれど、かと言って、自分を甘やかしすぎていいわけではありません。「明日からダイエットするから今日だけ思い切り食べちゃおう」「今日だけは特別。明日からちゃんとやろう」……。こうやって「今日だけ」がずっと続いてはいませんか。「ウォーキングをやっている」と言いながら、実はフォームもなにもグチャグチャで、ただ歩いていることに満足しているだけではないでしょうか。もし、そうだとしたら、やせられるわけがありません。そういう甘えている自分、弱い自分がいることを認めましょう。そして、その自分をいったんリセットし、新たな気持ちでダイエットにチャレンジしてください。

MAKE your MIND 4

自分に起きた変化に敏感になる

いろいろなダイエット法を試し、「何をやっても効果がない」と嘆いたり、焦ったりしている人がいます。でも、本当にそう？ もちろん、ダイエット法は、その人に合う、合わないがある。でも、その一方で、何かしらの効果が出ているのに、本人が気付いていない場合もある。自分とちゃんと向き合って、しっかり自分のことを見つめてみれば、多くの場合は、何かしらの変化があることに気が付くはずです。体重が減らなくても、体調がいいとか、スカートがゆるくなったとか……。「なんかちょっといいぞ」と思うようなことがきっとある。そういう変化に敏感になることも、やせモードにスイッチを入れることになります。

MAKE *your* MIND **5**

情報に振り回されず、見極める力を持つ

テレビ、雑誌、インターネットでは、美容や健康についての情報が溢れています。そして、「これがいい」と聞けば、これに飛びつき、「あれがいい」と読めば、今度はあれにトライし……と、情報に振り回されてお金と時間だけを浪費し、肝心の効果を得られていない、という人も多いことでしょう。かつての私もそうでした。今になってわかるのですが、ダイエットは一時的なものではなく、やせたら、それをキープするために最低限のルールを守り、一生継続することが何より大事。自分がこれからトライしようとするダイエットは、果たして、それができる方法なのか。情報に振り回されず、見極める力を持ちましょう。

MAKE *your* MIND 6

焦りは禁物。
冷静に、余裕を持って、
ダイエットにのぞむ

　なにがなんでもやせたい！ 絶対にやせたい！ ○月×日までに○kg落とす！ そういう気持ち、よくわかります。でも、あまりに気持ちが強すぎると自分を追い込んでしまうことにもなりかねません。焦りが生じるというのでしょうか。人間、焦って結果を出そうとすると、無謀なことをやりがちです。例えば、絶食してハードな運動をして……というようなことを続けて身体をこわしてみたり……。ダイエットに焦りは禁物です。短期間で結果を出そうとせず、長期的な視野を持ってのぞみましょう。長い目で見て結果を出す、と思えば、冷静にもなれるし、余裕も出てきます。その余裕が成功の鍵だったりするのです。

MAKE *your* MIND 7

他力本願は×。自分の足でしっかり立つ

日々、お客様と接する中で私が感じていることのひとつに「他力本願の人が意外に多いなぁ」ということが挙げられます。例えばマッサージにしても、私のようなプロに任せるべきところは任せていいと思うのですが、そのプロの仕事を生かすか、殺すかは自分次第。マッサージに限って言うと、いくらプロの施術を受けても、それ以外にセルフケアをまったくしなければ、その効果は半減してしまいます。どんなことにも言えますが、他力本願はダメ。しっかりと自分の足で立ちましょう。ダイエットにしても、人がどうにかしてくれるものではありません。最後に頼れるのは自分だけ。自分の力でやせるしかないのです。

MAKE *your* MIND **8**

ストレスを上手に解消して、心のデトックスをする

経験上、みなさんもわかっていらっしゃるでしょうが、ストレスをため込むとロクなことにはなりませんよね。満腹中枢が乱れて食べすぎたり、ホルモンバランスが乱れて代謝が低下したりして、ストレスによって太る人は決して珍しくありません。たかがストレス、されどストレス。人に対して意地悪になったり、隣の芝生が妙に青く見えたりして卑屈になり、さらにストレスがたまって食べすぎて……。負のスパイラルに陥らないためにも、ストレスは上手に解消し、心のデトックスを行いましょう。自分なりのストレス解消法、心のデトックス法を持つようにして。

MAKE *your* MIND **9**

いつも自分を
客観的に見る目を持つ

私自身、自分を客観的に見る目をいつまでも失わないでいようと思っています。例えば、外を歩いているとき、私は、ショウウインドウに映る自分の姿を必ずチェック。そして、「ああ、ぜんぜんダメ、膝が曲がってる……」などと自分にカツを入れます。こんなふうにして、自分をなるべく客観的に見る。ファッションだってそうですよね。自分が着たいもの、持ちたいものが、本当に自分に似合うのかどうか。そんな見極めも、自分自身が見えていなければできません。自分を客観的に見つめる。やせて美しい人は、そんな目を持ち続けている、あるいは、持ち続けようと努力しているのではないでしょうか。

MAKE *your* MIND **10**

自分への興味を密《ひそ》かに、強く持ち続ける

優しく温かなオーラと凛《りん》としたオーラをあわせ持ち、しなやかで艶がある。

そんな女性になるためには、自分の中に革命や変化を起こし続けることが大切だと思います。女として、娘として、妻として、母として……。自分の立場や役割を理解し、臨機応変に立ち位置を変えることで、今、自分がやらなければならないことも見えてきます。また、そうなるためには、自分への興味を失わないことが大事。密かに、でも強く、自分自身への興味を持ち続けることで、自分を美しくする生活を貪欲に追求できますし、常にキレイでいたいという気持ちを失わずにいられますよね。それが、すなわち“やせモードマインド”です。

やせている人がしているたった5つのこと

やせている人の習慣には傾向があります。このワザ、真似しない手はない!!

1 ゆる〜いルールしかつくらない

あれはダメ、これもダメ、あれは食べない、これだけ食べる……などと、厳しいルールで自分をがんじがらめにすると、いつかは大きな反動が。そうならないために、**ダイエットを一生続けるために、**やせている人が自分に課すのは、とてもゆるいルールです。

2 ガツンと食べずにちょこまか食い

一度にガツンと食べるのではなく、やせている人は、ちょこまか食べる人が多いよう。私自身もそうですが、1日4、5食にわけて食べているように思います。**空腹時間が長いと、反動で食べすぎてしまいがち**ですが、小分けにして食事回数を増やせば、その心配もありません。

MAKE *your* MIND **Good Habits**

3 自分が欲するものを素直に食べている

甘いものも、ジャンクフードも、揚げ物も「なんでも食べていい」がやせている人の考え方。**食べたいものはガマンせずに食べる。**これが、ストレスをため込まず、やせた体をキープする秘訣《ひけつ》のひとつ。もちろん、食べる量や頻度は、ある程度コントロールします。

4 日々、小さな〝意識〟を積み重ねている

姿勢に気を付けよう、颯爽《さっそう》と歩こう、身体にいいものを食べよう……と、日々の小さな〝意識〟の積み重ねが、やせている人を作っています。やせモードになるということは、**今までの自分をリセットし、自分の身体に合った習慣を身に付けること。**小さな〝意識〟を積み重ねて。

5 見られている自意識を持ち続ける

どんな瞬間も誰かから見られているという自意識を持つことは、美を追求する一番の原動力になります。街に出かけるときはもちろん、近所のスーパーに行くときも……どんなときでも見られているという意識を持つ。それが、**美しくなりたいという気持ちを持続させてダイエットを成功させる大きな鍵!**

Column 6

私がよく口にする食べ物あれこれ

ひじき

ひじきの煮物は常備菜。「バカじゃないの!?」というほどしょっちゅう食べています（笑）。ひじきは、食物繊維やミネラルが豊富な優秀食材です。

切り干し大根

干すことで大根の甘みと旨味がぎゅっと凝縮された切り干し大根。その煮物も、私が大好きな副菜。独特の香りと歯ごたえがたまりません!

きんぴらごぼう

ごぼうのシャキシャキの歯ごたえが好き。どうも、こういう素朴な副菜が私の口には合うようです（笑）。これもまた食物繊維たっぷり!

牛スジの煮込み

これも私の大好物!! にんじんやごぼうなどたっぷりの根菜類やコンニャクと煮込んでいるので、これだけでおなかがいっぱいに。

野菜たっぷりスープ

にんじん、キャベツ、白菜、玉ねぎ、セロリ……など残りものの野菜をたんと入れて煮込んだスープは、小腹が空いたときの大きな味方。

玄米・雑穀

白いお米に麦や玄米、あわ、ひえなどの雑穀を混ぜて炊くこともたびたび。もち麦をゆでて水切りし、サラダなどに入れることも。

CHAPTER 7

毎日happyでいるための〝プチ不調解消〟エクササイズ

ただやせるだけじゃなく、
身体の不調が改善されて健康的になれるのが、
「久式リンパマッサージ」の嬉しい効果。
便秘、肩こり、腰痛……。
日々ありがちな不調も、
ちょっとしたケアで解消できます。

女性は不調との付き合い方で毎日が変わる

関節のメンテナンスなどを行うことで身体の歪みを改善、血液やリンパの流れが促進された結果、むくみが取れたり、代謝が上がったりして、「やせる」。これが、「久式リンパマッサージ」の仕組みですが、やせるだけではなく、「健康になる」ことも、久式の大きな特徴です。

身体に歪みがあると、内臓の位置も悪くなり、その結果、いろいろな不調につながることがあります。例えば、生理痛がひどい人は、骨盤が歪んでいる場合がほとんど。そのために子宮の位置が悪くなり、それが原因で生理痛を引き起こしていることがあるのです。このようなケースでは、骨盤の歪みをしっかり整えることで子宮も本来の位置に戻り、生理痛も解消されるはずです。

生理痛に限らず、身体に不調が出るということは、歪みがあったり、血液やリンパの流れが滞っていたりと、身体のメカニズムのどこかに不具合があることが考えられます。久式は、その不具合を調整しますから、やればやるほど、身体の不調は改善されるでしょう。ぜひ続けてほしいと思います。

とはいえ、私たち女性の身体はデリケート。生理の周期に支配されていますし、ちょっとした気圧の変化の影響も受けやすかったりしますから、どうしても、「なんとなく不調かも」というときがあります。

ここでは、こうしたプチ不調の改善法をご紹介。「調子悪いかも」と思うとき、すぐに実践すれば、身体はもちろん、ココロもすっきり！　身体の不調とどう付き合うかで、あなたの毎日が変わります。

ただし、生理中や妊娠中のセルフケアは避けるようにしてください。いつにも増して身体がデリケートになっている時期のセルフケアは危険さえ伴います。生理中や妊娠中のケアは、プロに任せることをオススメします。

便秘の日

How to deal with it?

ストレスや食べ物による腸内環境の乱れが、便秘の原因のひとつ。便秘を解消するには、根本の原因を取り除いて腸内環境を整える必要があるけれど、それと並行して、腸の働きを活発にするマッサージを行うのが効果的。腰を回したり、揺らしたりして、腸の位置を整えることも有効です。

寝転がったまま、
腰を左右にやさしく揺らす

腸の動きを良くさせるために、おなかをマッサージしたり、横になった状態で、左右に腰を揺らして腸に刺激を与えてあげましょう。

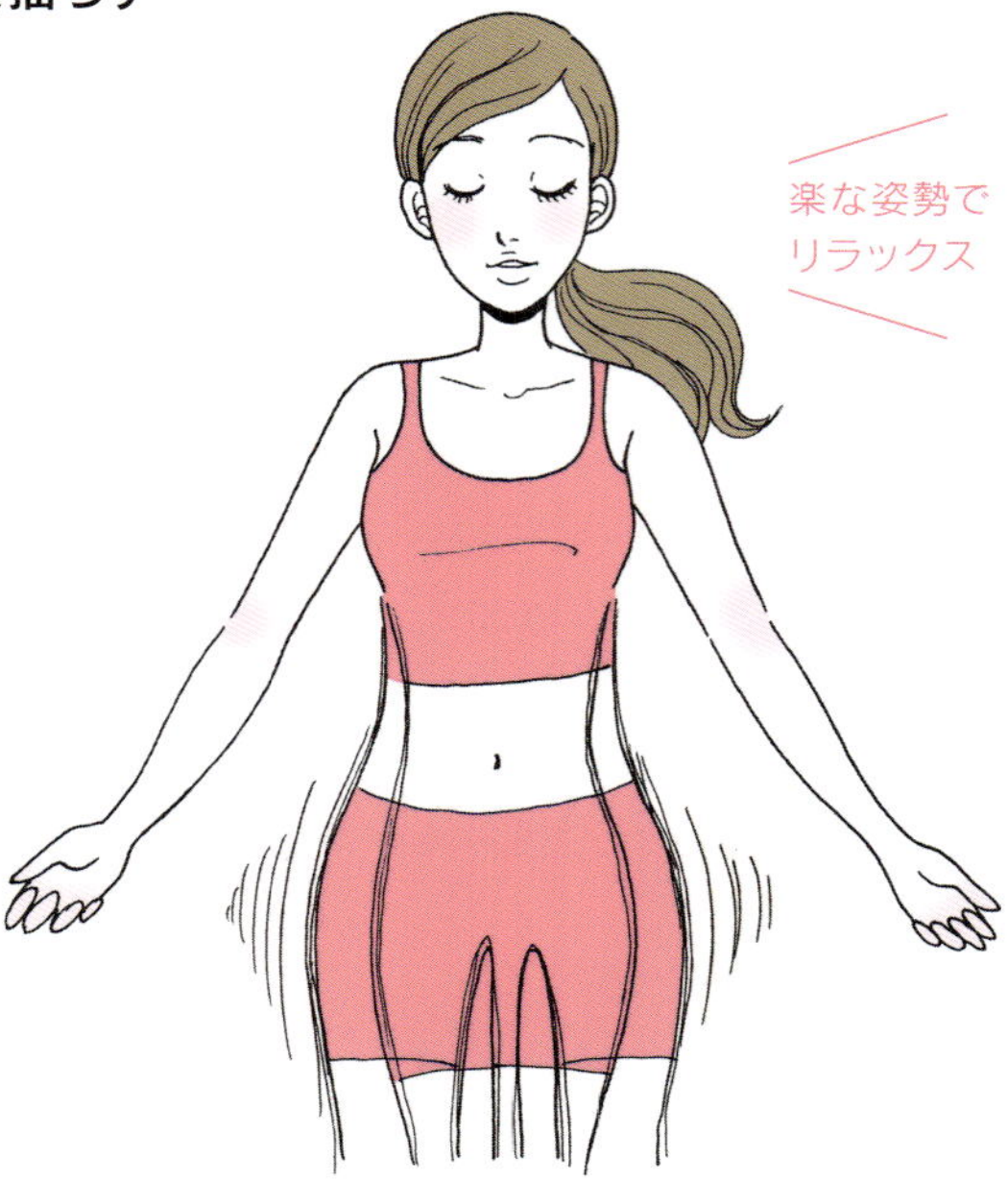

むくみがひどい日

How to deal with it?

生理前や飛行機、新幹線などでの長時間の移動の際には、どうしても、むくみやすくなってしまいます。こんなときは、ゴルフボールを踏んで足裏をマッサージするなど、足のケアを重点的に。むくんでいるときは冷えてもいますから、温めることも大切です。足を温めるだけでもむくみは軽減します。

ゴルフボールで足裏をマッサージ

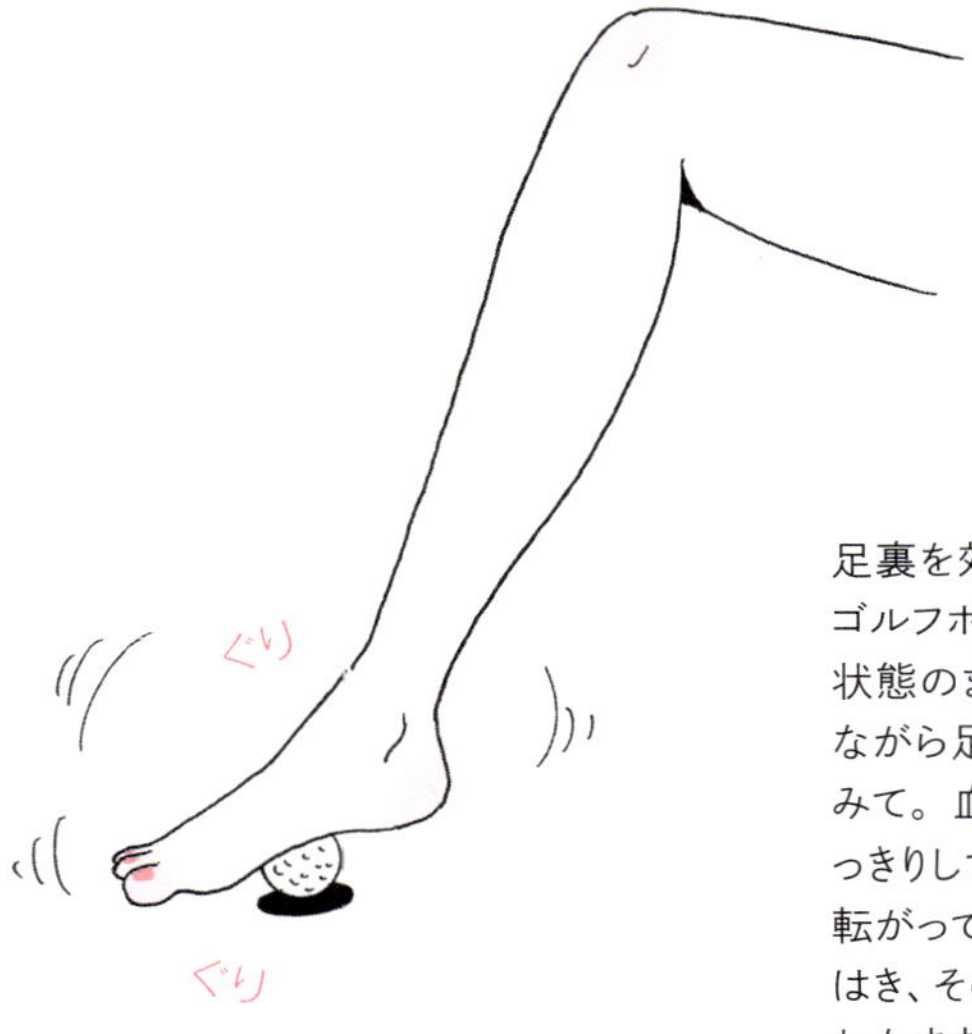

足裏を効果的に刺激するには、ゴルフボールがオススメ。座った状態のまま、自分で圧を加減しながら足裏でボールを転がしてみて。血液の巡りが良くなり、すっきりしてきます。ボールが床に転がっていかないように、靴下をはき、その中にゴルフボールを入れたまま転がすのも◎。

疲れ、だるさがつらい日

How to deal with it?

身体がだるいな、疲れたな、というときは、たいていの場合、同じ姿勢を長時間続けていたりして、肩や首も凝っているはずです。ですから、こんなときは、腕を大きく回すなどして肩甲骨を動かすようなストレッチをしてみましょう。それだけで身体も気持ちもすっきり、しゃっきり。疲れやだるさがやわらぎます。

肩甲骨をしっかり ゆっくりと回す

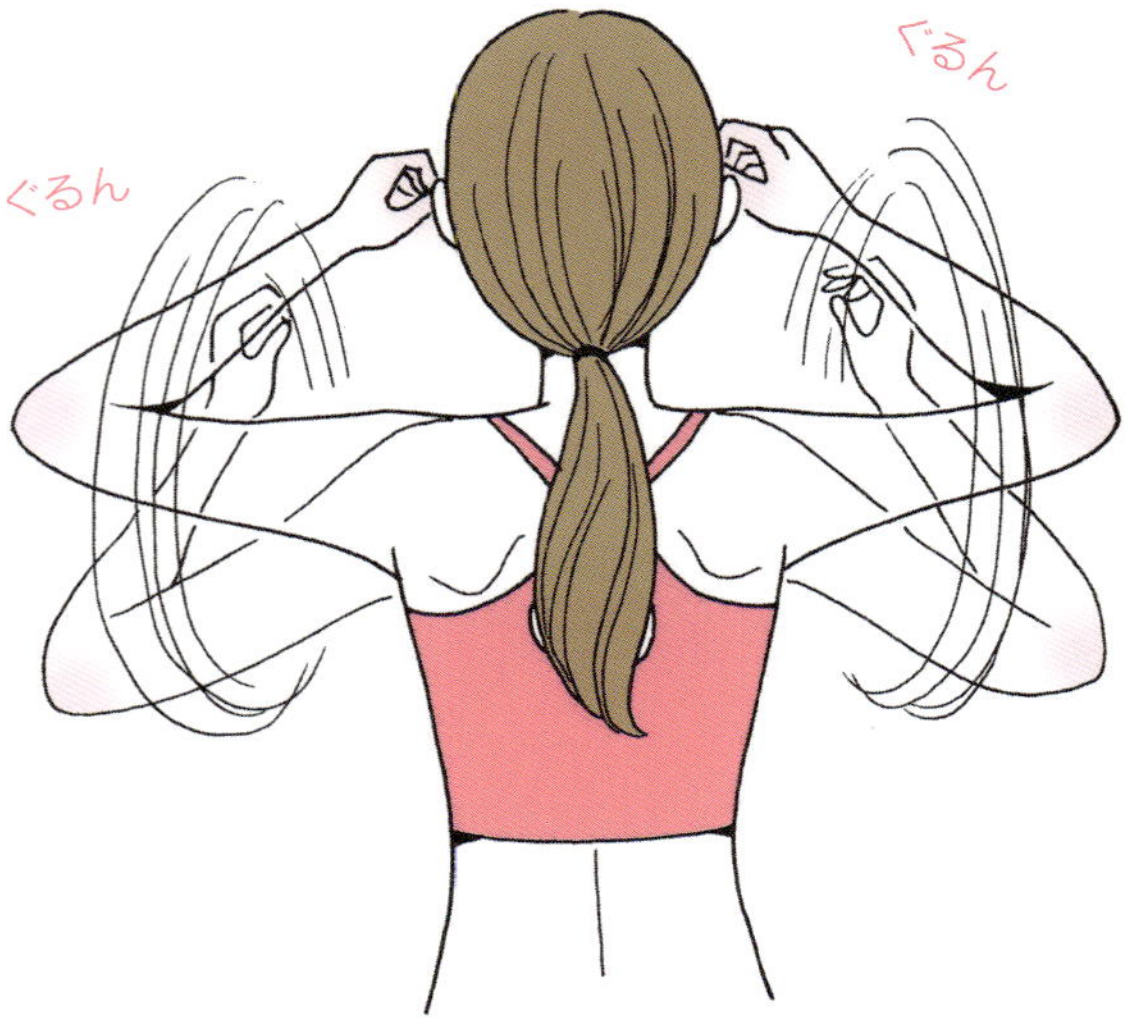

肩甲骨を大きくぐるぐると回すことで、肩まわりの血液が一気に循環するので、肩や首が軽くなり、頭もすっきりします。1分程度でずいぶん楽になるので試してみて。イスに座ったままでも立って行ってもOK。

肩凝りがつらい日

How to deal with it?

肩が凝っていれば肩をもむ。これ、常識だと思われているようですが、久式はちょっと違います。肩凝りのときは、肩をもむのではなく、顔のマッサージをしてみましょう。肩こりがひどいときは、顔も絶対にむくんでいるものです。このむくみをマッサージで取れば、それだけで肩こりがラクになることも。

肩凝り＝肩のケアをすればいいわけではありません！

肩の凝りは、肩が要因のものばかりではありません。首の硬さ、腕のだるさ、胸のハリ……さまざまな場所から肩凝りにつながっていますので、まずはその「滞っている場所」を突き止めることが肝心。首が滞っているなら首の耳下腺リンパ節に沿って老廃物を流したり、腕が重いなら、ひじを支えながら腕を振ることで軽くさせたり、とケアしてあげてください。

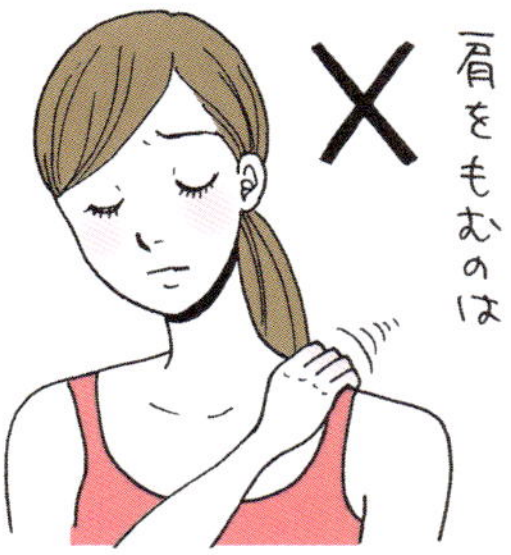
×
肩をもむのは

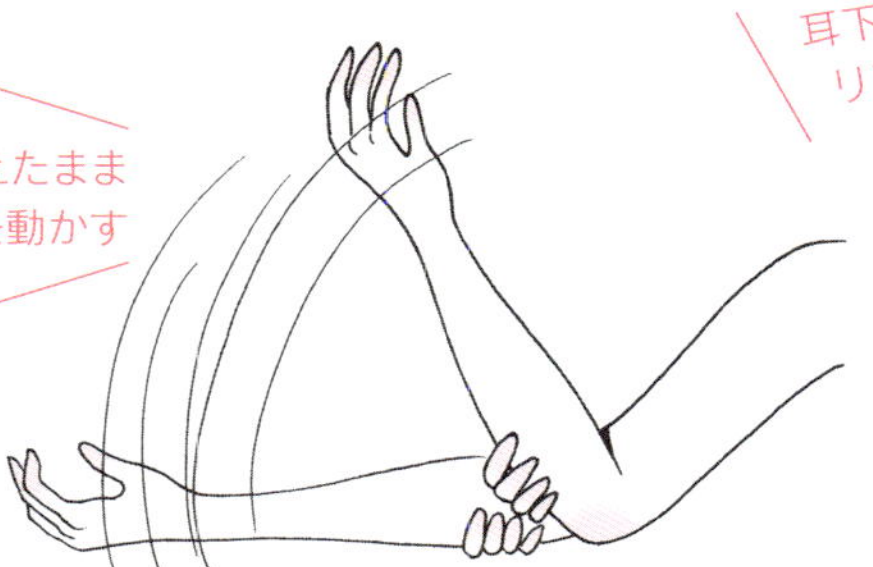
ひじを押し支えたまま
腕を動かす

耳下腺に沿って
リンパを流す

腰痛がつらい日

How to deal with it?

生理前や生理中の腰痛があるときは、汚《お》血《けつ》がたまっていることが原因です。ゆっくりお風呂に入るなどして身体を温めてリラックスを心がけましょう。また、この場合も、生理に関係ない腰痛の場合も、筋肉のこわばりをほぐすストレッチが有効です。あまり急激に行わず、徐々に身体を動かすようにすると身体へのダメージを軽減できます。

筋肉のこわばりを解消させる ストレッチを

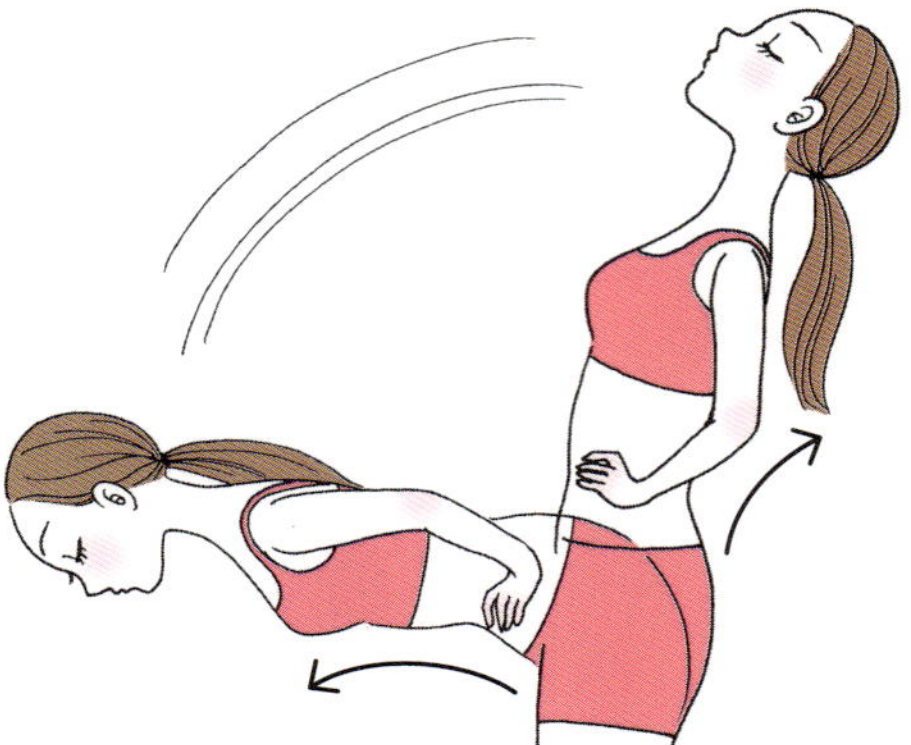

同じくウエストに両手を添えた状態で身体を前後に曲げ伸ばしをしましょう。腰の動きを感じながら楽になるまで10～20回繰り返します。

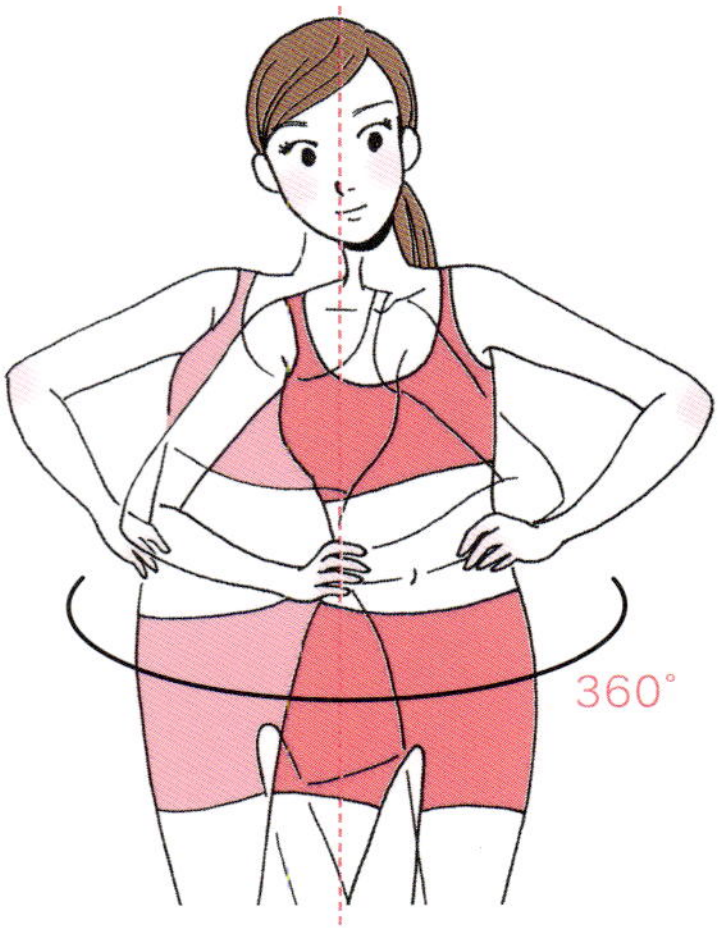

ウエストに両手を添えた状態で、腰を大きくゆっくりと回しましょう。腰まわりが温かくなるまで10～20回繰り返します。

眠れない日

How to deal with it?

ベッドに入って目を閉じ、スローなストレッチを行うのが効果的です。血液の循環が程良くなることで自律神経のバランスが整い、副交感神経が優位になって眠気を誘います。ストレッチは、あくまでスローが鉄則。寝る前に激しく動くと血流が活発になりすぎて、かえって目が冴えてしまうので要注意！

ベッドの中で「ふぅ～」と深呼吸しながら大きな伸びをして

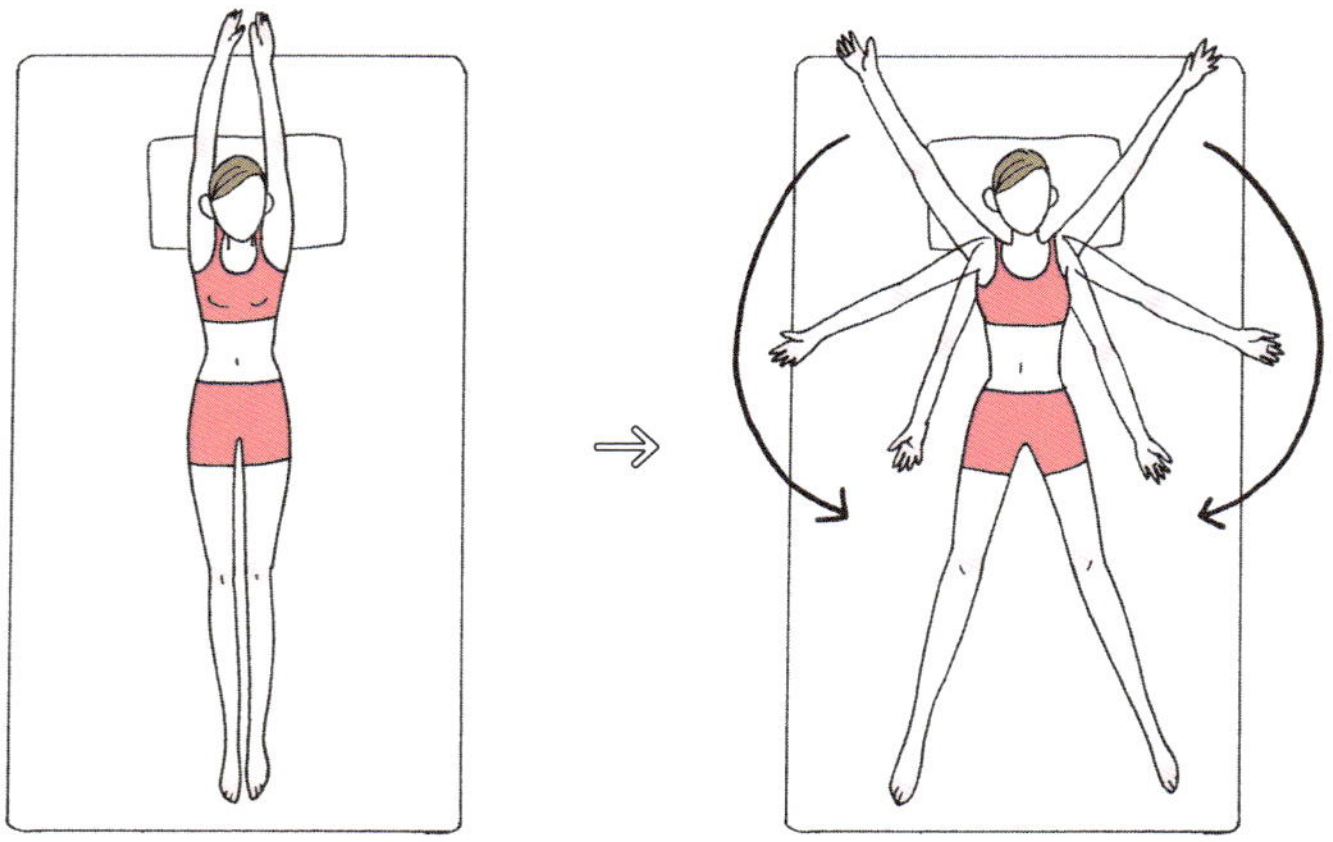

ベッドの中で、指先から足先まで伸ばし、手足を大きくゆっくりと動かします。呼吸を意識しながら、ゆっくりと行うことがポイント。目を閉じて行うことでよりリラックスできます。

なんだかイライラする日

How to deal with it?

イライラしているときは、無意識のうちに呼吸が浅くなっているものです。深呼吸をして呼吸を整えると、気持ちが安定します。あばらの辺りに手を置いて、横隔膜がきちんと動いているのを確認しながら深呼吸をしてみましょう。そのあと、ピョンピョン軽く飛ぶと、気持ちがさらにすっきりします。

酸素を身体に行き渡らせれば イライラ解消に効く！

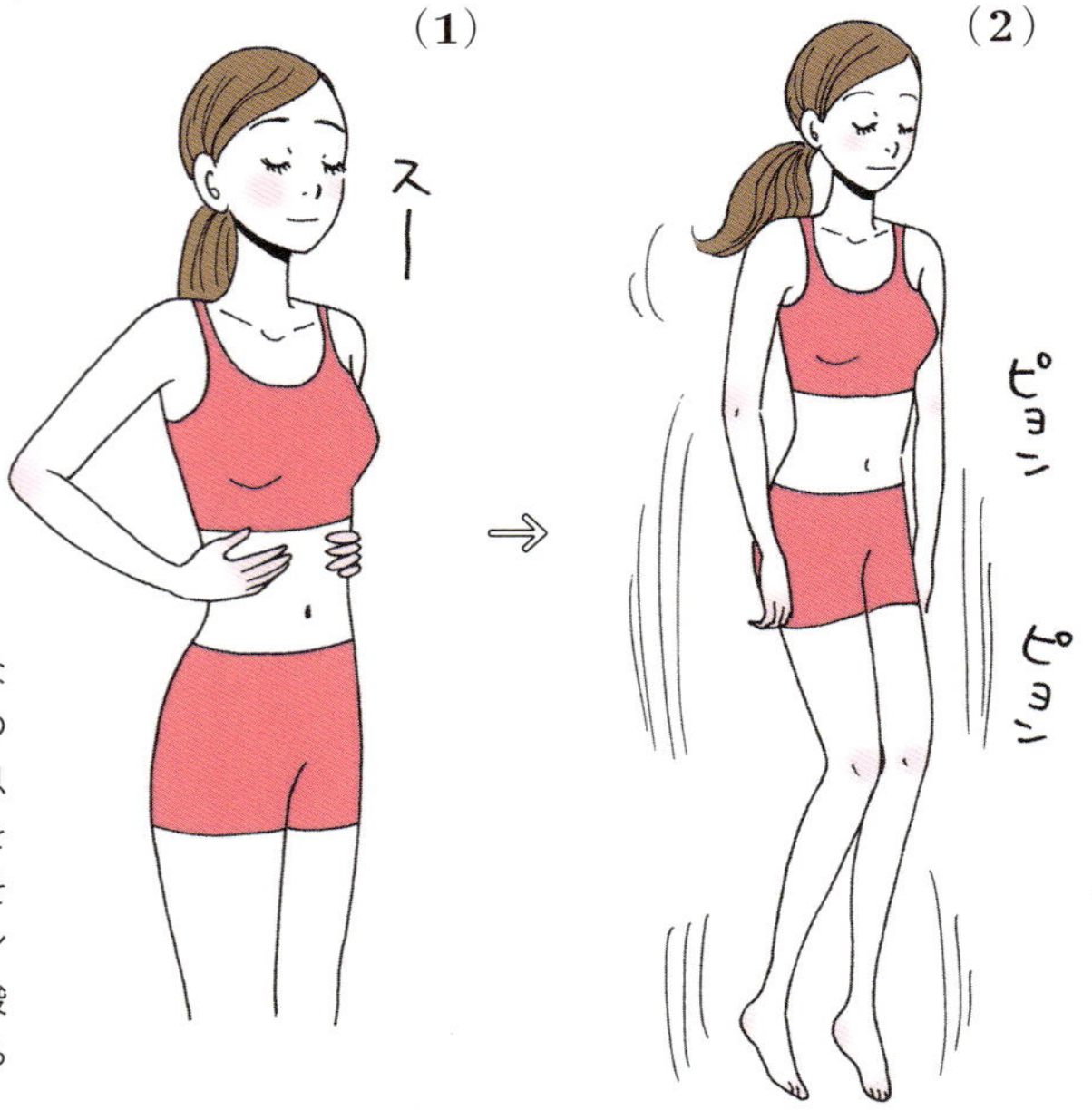

あばら骨を両脇でおさえながらスタンバイ。横隔膜の動きを感じながら鼻から息を吸って、口から吐くことを意識し、深呼吸をします。その後、その場でピョンピョンと軽くジャンプ。全身に酸素が行き渡るので、気持ちが落ち着きます。

頭痛がつらい日

How to deal with it?

頭皮がこわばり、硬くなっていると頭痛が起きやすくなります。逆に言うと、頭痛のときは、頭皮がこわばっている可能性が大。しっかりと頭皮のマッサージを。普段は動かすことのない頭皮を動かすと、巡りが良くなって頭痛が軽減。呼吸が浅かったりしても頭が痛くなることがありますから、深い呼吸を心がけて。

指の腹で頭皮全体をしっかり動かす！

指の腹を使って、髪の上から前後→左右→全体的に回す、を繰り返して頭皮をマッサージ。頭皮の血液の循環を促すと、頭痛が緩和されます。抜け毛防止にも効果あり。

目が疲れた、痛い日

How to deal with it?

ずっとPCと向き合うなどして目を酷使すると、眼球を支えている筋肉がこわばります。眼精疲労の解消には、この筋肉のこわばりをほぐしてあげることが大切。そのためには、上下、左右と眼球を動かすようにしてみましょう。同時に、眼のまわりを指で優しく押して眼輪筋をほぐすと、さらに効果的です。

両手を使って眼輪筋をほぐす

優しく両手を添え、指の腹を使って目のまわりの皮膚を円を描くようにマッサージ。こわばった筋肉が緩み、楽になります。強く押しすぎないように注意。

黒目を左右上下にぐるぐる回す

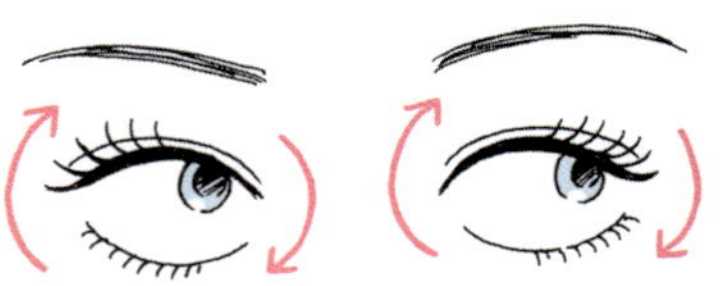

目の奥の筋肉をほぐすことで、疲れや痛みがやわらぎます。回したあとに軽く目をつぶり、目がじんわり温かくなれば、血液が循環した証拠です。

冷えがひどい日

How to deal with it?

使い捨てカイロを身体中に貼る人もいますが、根本的な解決にはなりません。冷えの原因は血液の循環が悪いこと。特に手足などの身体の末端はそうなりがちですから、手首、足首をしっかり回して温めて。また、手首、足首、首の「3首」を温めることも効果的。末端の冷えている部分が徐々に温かくなってきます。

優先すべきは「3首」を温めること！

体温を効率的に上げ、冷えを解消するには、首、手首、足首の「3首」を優先して温めるのが賢い方法。夏でもこの「3首」を冷えないようにするのはとても大切なことです。

ENJOY *your*

Bath Time

お風呂のキレイタイムを大切にしよう!

　バスタブにゆっくり浸かるくらいなら、パパッとシャワーを浴びてすぐに寝たい。忙しい現代人の中には、こう思う人も少なくないようですが、それでは、あまりにもったいなさすぎます。

　バスソルトなどを入れた湯船に浸かって身体をしっかり温めると、関節や筋肉の緊張もほぐれやすくなるため、マッサージには最適。バスタブの中で、足首を回したり、足の指の付け根をしっかりつまんで広げて、マッサージしたり。本書で紹介したマッサージやストレッチを行ってもいいでしょう。

　バスタイムは、裸の自分と向き合える時間、そして、キレイをつくる大切な時間。私自身、とても大事にしています。「お風呂に入っているときは、自分の身体をケアしよう」と決めてしまえば、バスタブに浸かるのが億劫《おっくう》だった人も、そうでなくなるのでは？

Epilogue

「巡る」身体で一生続くダイエットを

私が15kgのダイエットに成功したことは、プロローグでお話しさせていただきましたね。あのときの喜びといったら!! 今思い出しても、ワクワクしてきます。ただ、とても嬉しかった半面、恐怖心があったことも事実です。当時は、「ダイエットはリバウンドとの戦いでもある」と思っていましたから、「リバウンドしたらどうしよう!?」と、怖かったのです。

しかし、実際には、リバウンドすることなく、今に至っています。年齢は重ねましたが(笑)、スタイルもちゃんとキープできています!

さて、ここで質問です。

みなさんは、そもそもダイエットとはどのようなものだとお考えでしょうか。「期間を決め、その間、特別なことをするのがダイエット」と思ってはいませんか。

3日だけ食事のかわりにりんごを食べる、1週間だけ1日1食にする……。少しくらい無理なことでも期限付きならできると思うのでしょうね。でも、このような方法だと、結局、元の食事に戻した途端にリバウンドするだけです。

みなさん、そろそろ気付きましょう。本来、ダイエットというものは、期限を決めて行うものではなく、一生続けるべきものなのです。

こう言うと、気が遠くなる人もいるかもしれませんね。きっと「ダイエット＝キツい」というイメージがあるからでしょう。でも、そうではないのです。「ダイエットは一生続けるべきもの」ということは、そこに無理があってはいけない。言い方を変えると、「ダイエットは一生続けられるような、ゆる〜い方法でなければいけない」ということです。「ゆる〜い」と言っても、やりたい放題し放題、それまでの生活を変える必要は全然なし、ということではないですよ。

本書の中でもお話しさせていただきましたが、例えば、「なんでも食べていいけど腹八分目にする」とか「立ち方、歩き方に気を付けよう」とか「重い荷物はできるだけ両手に分散させて持とう」とか、日常の小さなことに意識を向け、ひとつずつ、ひとつずつ、いい方向にチェンジして、それを習慣にしてしまう。これが「一生続ける」ということです。

久式の要であるマッサージも、ぜひ習慣にしてくださいね。続けていれば、必ず身体には変化があらわれます。歪みが取れて「巡る」身体になりますから、やせますし、絶対に体調も良くなってくる。その実感が得られれば、意識も変わってきますから、悪い生活習慣がだんだん減っていって、いい習慣が徐々に増えてくる。そうなると、自分の適正体重や体型を保つように、自然にコントロールできるようにもなってくるはずです。

本書で紹介したメソッドをぜひとも習慣にして続けていただきたい。やるとやらないのとでは、3年後、5年後、10年後が全く違ってきます！

太っていた頃の私はコンプレックスのかたまりで、自分の体型を呪ったりもしていました。でも、今にして思うと、あのとき太っていなければ、現在の私はありません。

失敗を繰り返し、足のケアの重要性に気が付き、リンパドレナージュを学び始め、研究に研究を重ねて独自のメソッドを考案しました。セラピストとして活動するにあたって、自分自身がメソッドの効果をあらわす〝証明〟にならなければ！の思いから、毎日、セルフケアを行うようにもなりました。そのおかげで、私の体型はずっと変わらず、身体もとても健康です。この私を見ていただけると、『「久式リンパマッサージ」によるダイエットではリバウンドがない』ことが、おわかりになると思います。さらに、そのメソッドを著書で紹介する機会も与えていただけるようになりました。

こう考えてみると、私を〝今〟に導くために、神様が私を太らせたのかもしれないなぁ……。いえ、きっとそうに違いありません。神様には感謝！です。

感謝と言えば――。

最後になりましたが、本書を手に取ってくださった読者のみなさん、本当にありがとうございます。宝島社エディターの小寺さんはじめ、制作に携わってくださったスタッフのみなさん、サロンへ通ってくださるお客様、これまでお世話になった師匠や諸先輩……。私が関わるすべての方々、ありがとうございます。そして、私の大切な家族と、私の美意識の原型をつくってくれた最愛の亡父にも心から感謝。ありがとう！

二〇一八年五月　久　優子

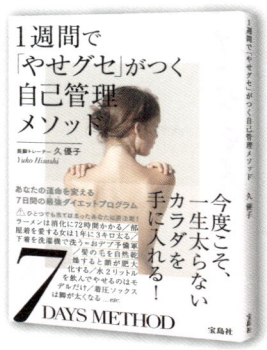

ボディメンテナンスセラピスト
美脚トレーナー
ボディメンテナンスサロン
「美・Conscious 〜カラダ職人〜」代表

久 優子 ひさし ゆうこ

1974年生まれ。脚のパーツモデルを経て、ホリスティック医学の第一人者である帯津良一医師に師事。予防医学健康美協会・日本リンパセラピスト協会・日本痩身医学協会で認定を受け講師としても活動。その後もさまざまな分野で独自のボディメンテナンスメソッドを確立。マイナス15kgのダイエットに成功した経験を生かし、「足首」のケアをもとに「足首から関節を柔らかくすることから身体を整える」美メソッドを考案。サロンは開業当時から完全紹介制。美脚作りはもちろん、身体のバランスを整える駆け込みサロンとして有名人のファンも多い。著書に『1日3分! 足首まわしで下半身がみるみるヤセる』『週末脚やせダイエット モデルも実践! 必ず美脚になれる魔法のメソッド』(共にPHP研究所)、『脚からみるみるやせる2週間レシピ』『1週間で「やせグセ」がつく自己管理メソッド』『ハイヒールをはいても脚が痛くならないカラダのつくり方』『押したら、ヤセた。』(すべて宝島社)がある。

http://www.yhbody.com
https://ameblo.jp/yhbody

STAFF

写真・吉岡真理
ヘアメイク・SATOMI
構成・取材・佐藤美由紀
イラスト・アオノミサコ
ブックデザイン・大久保有彩
編集協力・smile editors
編集・小寺智子

やせたいところから最速でやせる!
久式リンパマッサージ

2018年 6月8日　第1刷発行
2022年 2月8日　第4刷発行

著者　久 優子

発行人　蓮見清一

発行所　株式会社宝島社
〒102-8388 東京都千代田区一番町25番地
☎03-3239-0926(編集)
☎03-3234-4621(営業)
https://tkj.jp

印刷・製本　サンケイ総合印刷株式会社

ISBN978-4-8002-8475-4